Key Account Management, kompakt

Roberto Capone

Key Account Management, kompakt

Effiziente Entwicklung von Großkunden, Kundenzufriedenheit und Kundenwert aktiv managen

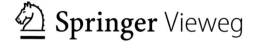 Springer Vieweg

Roberto Capone
Bad Soden-Salmünster, Deutschland

ISBN 978-3-658-42921-8   ISBN 978-3-658-42922-5   (eBook)
https://doi.org/10.1007/978-3-658-42922-5

Die Deutsche Nationalbibliothek verzeichnet diese Publikation in der Deutschen Nationalbibliografie; detaillierte bibliografische Daten sind im Internet über http://dnb.d-nb.de abrufbar.

Planung/Lektorat: Reinhard Dapper
Springer Vieweg ist ein Imprint der eingetragenen Gesellschaft Springer Fachmedien Wiesbaden GmbH und ist ein Teil von Springer Nature.
Die Anschrift der Gesellschaft ist: Abraham-Lincoln-Str. 46, 65189 Wiesbaden, Germany

Das Papier dieses Produkts ist recyclebar.

Vorwort

Ich bin der Meinung, dass die betriebswirtschaftlichen Teilbereiche nicht von Theoretikern, sondern von Praktikern beeinflusst und gemanagt werden sollten. Eine wissenschaftliche Expertise führt meist zu praktischen Fragestellungen, bei denen kein Wissenschaftler helfen möchte. Wenn man Vertrieb und Marketing verkauft, sollte man Vertrieb und Marketing auch gemacht haben, zahlreiche Kilometer im Dienste des Kunden oder des Neukundengeschäfts unterwegs gewesen sein, Märkte und Regionen bewertet und Branchen und Zielkunden identifiziert haben, um diese dann nachhaltig mit Key Account Managern in den Zielmärkten zu akquirieren.

Der Manager im Allgemeinen und der Key Account Manager im Speziellen ist immer ein Sozio-Ökonom. Sie haben bereits eine sehr gute Expertise im Markt und eine gute Präsenz beim Kunden, dann bedarf es zeitweise einer Adlerperspektive, um Optimierungsansätze zu identifizieren und zu realisieren.

Bei dieser Aufgabe unterstütze ich Sie gerne.

Kontakt: r.capone@ivm-seminare.de

Roberto Capone

Inhaltsverzeichnis

Key Account Management – was ist das? 1

Zusammenfassung

In diesem Kapitel erfahren Sie, welche Handlungsfelder das Großkundenmanagement definiert, welche Arten von Kunden,- bzw. Leads segmentiert werden und wie Sie einen Mehrwert für den Kunden generieren können. Leads werden generiert, personalisiert, qualifiziert, segmentiert und auf Zuständigkeiten delegiert. Diese Zuständigkeiten variieren nach Qualifikationsstatus der Kontakte, der Leads.

Die Begrifflichkeit „Key Account Management" stammt, wie so vieles in der gegenwärtigen Management-Sprache aus dem angelsächsischen Wirtschaftsraum und bedeutet so viel, wie „Schlüsselkunden-Management". Der Vertrieb ist einer der wichtigen betrieblichen Teilbereiche. Hier werden Aufträge gewonnen, Umsätze und Deckungsbeiträge generiert und Beziehungen optimiert.

Häufig ist auch bei Unternehmen mit einem zertifizierten Qualitätsmanagement der Vertrieb und das Marketing nicht immer qualitativ gut aufgestellt. Wir untersuchen in dieser Kurzdarstellung, was man auf Vertriebsseite qualitativ optimieren kann und mit begrenzten Ressourcen den optimalen Nutzen akquirieren kann, um das individuelle Ziel des Key Account Managers und das Ziel der Organisation zu gewährleisten.

Dabei geht es um drei Handlungsbereiche:

- Neukundengewinnung in Verbindung mit dem Marketing
- Bestandskundenentwicklung
- Kundenrückgewinnung

Die oben genannten Punkte werden auch als „Aktiva im Verkauf und Marketing" bezeichnet.

In der Realität unterscheidet sich der Aktivitätenspielraum eines Key Account Managers von der Betreuung von nur einem Kunden, wie beispielsweise im Bereich der Automotive supplier, die häufig „nur" einen Großkunden, einen OEM betreuen, bis zu Großkundenbetreuern, die 10, 15 oder sogar 20 Großkunden effizient managen sollen.

Beide Varianten können sinnvoll sein. Je nach Ressourcenaufwand ist auch eine Gebietsumverteilung und eine Kundenumverteilung sinnvoll.

Mit Hinblick auf eine Stärken-Schwächen, Chancen- und Risikoanalyse ist auch immer die Frage zu stellen, wie groß die Abhängigkeit zu einem, oder einigen wenigen Großkunden ist. Es gibt durchaus innerbetriebliche Ziel-konflikte, wenn es um die Akquise und die nachhaltige Betreuung von Schlüssel-kunden geht.

Der Schlüsselkundenbetreuer hat das Ziel hohe Stückzahlen, hohe Umsätze und kumulierte hohe Deckungsbeiträge pro Kunden und pro Auftrag zu generieren. Schlüsselkunden geben gerne schon mal einen Zielpreis ab oder schreiben einen Auftrag, z. B. bei e-Vergabe aus. Bei einer Mindestanforderung an Qualität ist der Preis ein absolutes KO-Kriterium.

Die Geschäftsführung und das Controlling hat das Ziel die Umsatzrentabilität zu erhöhen. Um dies zu realisieren, muss der Deckungsbeitrag steigen und die Kosten sinken.

Auch im Rahmen der Corona-Krise und der damit verbundenen Auswirkungen auf die internationalen Handelsketten, wird vom Kunden zunehmend auch Wert auf

- Verfügbarkeit und
- Zuverlässigkeit gelegt.

Handlungsfelder des Key Account Managers

2

Zusammenfassung

In diesem Kapitel geht es um die Handlungsfelder im Key Account Management. Es geht um die Abgrenzung und die nachhaltige Zusammenarbeit zwischen Marketing und Vertrieb, um das Schnittstellenmanagement und die gemeinsame, zielorientierte Bearbeitung des Zielmarktes, der Zielgruppen.

Die drei Handlungsfelder, Neukundengewinnung, Bestandskundenentwicklung und Kundenrückgewinnung schauen wir uns in diesem Kapital näher an. Ziel ist es, die Prozesse im Unternehmen und die Schnittstellen zwischen Marketing und Vertrieb zu hinterfragen und zu optimieren.

2.1 Neukundengewinnung

Vielfach würde der Key Account Manager argumentieren, dass er oder sie keine Zeit für die Neukundengewinnung hat. Hier geht es allerdings nicht nach einem Gießkannenprinzip, sondern nach potenten und potentiellen Kunden, die ein echtes Interesse an einer Zusammenarbeit mit uns, unseren Produkten und unserem lösungsorientierten Ansätzen haben. Diese Art Kundschaft kann/darf/sollte nur ein Key Account Manager bearbeiten.

© Der/die Autor(en), exklusiv lizenziert an Springer Fachmedien Wiesbaden GmbH, ein Teil von Springer Nature 2023
R. Capone, *Key Account Management, kompakt,*
https://doi.org/10.1007/978-3-658-42922-5_2

2.1.1 Neukundengewinnung für den Vertrieb

Beginnen wir einmal mit einer einfachen Aufgabenstellung für den Key Account Manager:

Aufgabe: „Erarbeiten Sie bitte 3 „most wanted customer" für Ihr Vertriebsgebiet/Ihr Marktsegment.

Lösungsansatz
- Identifikation von 3 Unternehmen und Standorte
- Schätzung von Potentialen nach Absatz und Umsatz
- Identifikation von Personen im Buying Center, rund um das Entscheidungsgremium
- Kontaktaufnahme
- „Sie benötigen unser Angebot, um...."
- „Haben Sie einen aktuellen Lieferanten"
- „Darf ich erfahren, wer Sie aktuell mit diesen Produkten/Dienstleistungen beliefert"
- „Sind Sie offen für einen Anbieterwechsel"
- Die letzte Frage ist entscheidend und sollte vom Interessenten im B2B-Bereich immer mit „Ja" beantwortet werden.
- Mit dieser letzten Frage ergibt sich eine Opportunity und ein „Sales Qualified Lead"
- Fragen wir nun unseren Mitarbeiter im Außendienst, wie hoch dieser seine eigene Zielerreichungsquote setzen würde, höre ich oft **1/3**, d. h. dass man sich durchaus zutrauen würde, einen von 3 „most wanted customer" zu konvertieren.
- Diese Zahl wäre eine meiner Key Performance Indikatoren, KPI´s im Neukundengeschäft

Als falsch erachte ich es hingegen, wenn von der Verkaufsleitung das Ziel „Bringe bitte 3 Neukunden in diesem Geschäftsjahr" herausgegeben wird. Die Quantität (hier 3) hat keinerlei Einfluss auf die Qualität.

Die Qualität darf durchaus nach Kundensegment und Betreuung des betrachteten Kundensegments variieren. Der Key Account Manager sollte hier eine direkte Verantwortung haben für die Akquise von 3 Kunden, die Potential zu einem A-Kunden haben. Auch wenn heute vielfach „One-Team-to-the-customer" kommuniziert und favorisiert wird, bin ich ein großer Fan von „One-Face-to-the-customer".

Der Vertriebsmitarbeiter, der sich um die Betreuung von B-Kunden kümmert, sollte eine vergleichbare Aufgabe in diesem betrachteten Kundensegment haben.

Sollte es einen telefonische Kundensupport geben, sollten auch diese Damen und Herren eine ähnliche Aufgabe für die Akquise von „most wanted customer" erhalten.

2.1.2 Neukundengewinnung im Marketing

Das oben angesprochene Gießkannenprinzip sehe ich mehr im Marketing. Das Marketing beschäftigt sich mit der Fragestellung der Marktdurchdringung, der Wahrnehmung der Marke, und der Anzahl der Kontakte und Impressionen.

Um diese zu realisieren, hat das Marketing grundsätzlich eine recht große Breite an Möglichkeiten im

- Online und/oder
- Analogen Marketing-Tools zur Verfügung.

Konzentrieren wir uns auf den B2B Bereich. Im analogen Marketing ist das Marketing z. B. verantwortlich für:

- Messen
  - Vorbereiten
  - durchführen
  - nachbearbeiten
- Verkaufsförderung mit dem Handel
  - Nach Bedarf des Kunden
- Aktionen am Point of Sales
  - Nach Bedarf des Kunden
  - Aktivitäten des Wettbewerbs
- Printwerbung
  - Was liest meine Zielgruppe
  - Wie differenziert sich der Medienkonsum nach Land?
- Direktmarketing via Post
- u. a.

Bei einer Messe sollte man der Vorbereitung ausreichend Beachtung und Ressourcen Beachtung schenken. Neben Neukundenkontakten sollte man auch den Kontakten mit Bestandskunden einem messespezifischen Ziel zuführen, um

die Kampagne im Anschluss auf wirtschaftliche Faktoren hin zu kontrollieren und
zu hinterfragen. Kundenrückgewinnung sollte ebenfalls auf der Agenda stehen.

- „Werden Sie auf der Messe XY sein"
- „Sind Sie bereit mit uns wieder ein Kunden-Lieferanten-Verhältnis" zu
  beginnen"
- „Dann würde ich Sie gerne an unserem Messestand begrüßen, um darüber zu
  sprechen."
- „Wann passt es Ihnen am besten: Vor- und nachmittags am Mittwoch?"

Der Bereich der Re-Konvertierung wird schon mal vernachlässigt. Es gibt einen
Grund, warum der Ex-Kunde nicht mehr bei uns kauft. Was war der Grund dafür?
Möglicherweise ist der Grund sogar meine eigene Persönlichkeit. Ich sollte mich
dieser Verantwortung stellen, auch wenn es nicht immer persönlich angenehm
sein kann. Die Verantwortung liegt in meinem Verkaufsgebiet und damit auf dem
kumulierten Deckungsbeitrag sowie den Umsatzzielen des Unternehmens.

Die digitale Bearbeitung des Gesamtmarktes im Marketing erfolgt u. a. mit
diesen Marketing-Tools:

- Homepage, die Homepage, oder die Webpräsenz ist der „digitale Messeplatz".
  Die Zielsetzung, die mit der Homepage verbunden ist, fehlt mir schon mal.
  Zielsetzung ist nicht primär, dass es Frequenzen pro Marketingkanal gibt,
  sondern dass die anonymen Kontakte sich personalisieren und den Kontakt
  zu mir suchen. Ein Kontaktformular, ein „call back-buttom" oder andere
  technische Möglichkeiten sind dafür super geeignet.
- Google mit den Werkzeugen
  – Google My Business
  – Google Ads
  – Suchmaschinenmarketing
- Social Media-Marketing
  – LinkedIn
  – Und/oder andere Kanäle

Bei allen der o. g. Marketing-Tools ist die zentrale Frage immer, ob mein Kunde
auf diesen Medien aktiv ist. Das Marketing wird diese Informationen sicherlich
nicht ohne den Vertrieb, den Key Account Manager erfahren. Die Effizienz der
Marketing Kampagne kann also erheblich gesteigert werden, wenn die Schnittstelle Marketing und Vertrieb gut funktioniert.

Ein großer Vorteil, den ich persönlich aus den B2B Social Media Kanälen, wie Xing oder LinkedIn ziehe, ist, dass ich die Zielgruppe nach Branche, nach Tätigkeitsbereich (Entscheider im Vertrieb) selektieren kann, mein Budget pro Tag und pro Kampagne festlegen kann und somit eine sehr zielorientierte Penetration der Zielgruppe erreichen kann. Mein persönliches Ziel ist nicht die Impression (wie oft wird die Anzeige gesehen), nicht die Anzahl der Klicks auf die Anzeige, sondern die Beendigung der Personalisierung, damit ich anschließend mit dem Interessenten telefonieren kann, um die Bedarfe zu erfahren und um mich direkt (zeitnah) vom Wettbewerb zu differenzieren, indem ich mich kümmere.

Beispiel siehe (Abb. 2.1):

Diese Anzeige wird den registrierten Damen und Herren präsentiert, die bei LinkedIn einen Account haben, in Deutschland oder in Österreich leben und die Berufsbezeichnung „Key Account Manager" haben. Im unteren Teil der Anzeige steht „Mehr erfahren". Klickt der Interessent darauf, erscheint das nachfolgende Fenster, indem sich der Interessent personalisiert (Abb. 2.2).

Die Anzahl der personalisierten Kontakte pro Kampagne dienen dem Controlling des Refinanzierung der Kampagne. Sie kennen das Unternehmen, die

Abb. 2.1 Zielgruppenwerbung für Seminar Key Account Management

Abb. 2.2 Personalisierung einer Werbeanzeige

kennen die Person und können diese direkt telefonieren um zu erfahren, ob, wann und in welchem Umfang man zusammen arbeiten kann (Abb. 2.3).

Der Sales Funnel visualisiert recht eindrucksvoll, dass sich sowohl das Marketing, als auch der Vertrieb um Neukunden kümmern sollen. Marketing-kampagnen bringen Quantitäten an Kontakten (Leads) in diesen Trichter. Im weiteren Prozess wird strukturiert und qualifiziert und Personen und Zuständig-keiten benannt, um diese Kontakte weiter zu pflegen, Interesse zu wecken, Angebote anzugeben und Aufträge zu erhalten. Das Customer Relationship Management System unterstützt dabei unser Vorgehen.

Jetzt ist ja jedem Vertriebs- und Marketingmitarbeiter hinreichend bekannt, dass die Kontaktverfolgung auf einer Messe, einer Ausstellung und die damit ver-bundene Neukundenakquise recht schleppend verläuft.

Um diesen Prozess ein wenig zu optimieren sollte man versuchen, dem Ansprechpartner, dem Lead ein paar wichtige Fragen zu stellen, die uns den nachfolgenden Prozess signifikant vereinfachen sollten (Tab. 2.1).

Beispiel: Mein Unternehmen ist Hersteller von elektrotechnischen Komponenten, vorwiegend LED´s, die sowohl in die Bauzulieferindustrie,

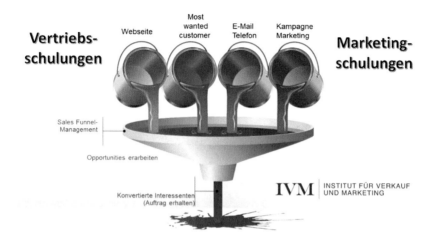

Abb. 2.3 Sales Funnel Management

wie auch in großen Stückzahlen in die Automobilindustrie gehen. Ich habe, im Rahmen der Messe, drei Kontakte mit Noch-Nicht-Kunden (Leads).

Im Vorfeld der Messe mache ich mir, gemeinsam mit meinem Team, Gedanken über Bewertungskriterien, mit denen ich die Attraktivität meiner Gesprächspartner eruieren kann. Diese Kriterien sind in der linken Tabellenspalte aufgetragen:

- Entwicklung – hier ist mein Gedanke nach einer Information, wie mein Kontakt, deren Produktion und Nachfragemarkt im aktuellen wirtschaftlichen Umfeld performt. Da die letzten 3 Jahre, ab dem Ausbruch von Corona, dem Ukraine-Angriffskrieg und der aktuellen Lage am Supply-Chain-Markt sehr speziell waren.
- Bedarfsart – welches Produkt mit welcher Spezifikation steht im Fokus der Nachfrage und wie ordne ich dies auf meiner Profit-Skala ein? Nicht jedes Produkt ist für mich gleich-attraktiv zu verkaufen. Mit P5 erwirtschafte ich einen besseren Deckungsbeitrag, als mit anderen Produkten.
- Bedarfsbreite – gibt es auch noch Raum und Möglichkeiten, weitere Produkte (cross-selling) anbieten zu können.
- Aktueller Lieferant – wie beurteile ich meine Stärken/Schwächen gegenüber dem aktuellen Lieferanten.
- Besondere Anforderungen – an Produktleistung, Verpackung, Zahlungs-konditionen o. a.

Tab. 2.1 Qualifikation von Kontakten (Leads)

Kriterien	Gewichtung	Skala					Kunden		
		sehr schlecht	schlecht	aus-gewogen	gut	sehr gut	Kunde 1	Kunde 2	Kunde 3
Entwicklung	0,3								
Bewertungs-skala		-2	-1	0	1	2	0,6	-0,3	-0,6
Bedarfsart	0,3	P1	P2	P3	P4	P5			
Bewertungs-skala		-2	-1	0	1	2	0,3	0	-0,3
Bedarfsbreite	0,1	sehr schmal	schmal	mittel	breit	sehr breit			
Bewertungs-skala		-2	-1	0	1	2	0,2	0,1	-0,1
Aktueller Lieferant	0,1	A	B	keinen	C	D			
Bewertungs-skala		-2	-1	0	1	2	0,2	0,1	-0,2
Besondere Anforderungen	0,1	sehr hohe	Hohe	mittel	wenige	sehr wenige			
Bewertungs-skala		-2	-1	0	1	2	0,2	0	-0,1
Zielpreis	0,1	sehr niedrig	niedrig	mittel	hoch	sehr hoch			
Bewertungs-skala		-2	-1	0	1	2	0	0,2	-0,2
Bereitschaft zur Zusammenarbeit	1	derzeit nicht geplant	nicht kurzfristig	derzeit neutral	bei Projekt	kurz-fristig			
Bewertungs-skala		-2	-1	0	1	2	2	1	-1

- Zielpreis – oftmals geht es über den Preis, insbesondere, wenn man Teil einer Ausschreibung ist. Dennoch gibt es den einen oder anderen Kunden, für den Preis nicht das entscheidende Kriterium ist.
- Der letzte Punkte bezieht sich auf die Opportunity, wie Bereitschaft zur Zusammenarbeit und die Wechselbereitschaft. Hier ist also auch die Frage-stellung beinhaltet, ob es sich um einen „hot lead", einen „sales qualified lead" handelt.

In den mittleren Spalten der Tabelle habe ich ein Bewertungsschema integriert. Es geht von „stark minus" zu „stark positiv", um anschließend eine Bewertung und eine Attraktivitätsmessung zu realisieren. In der 2. Spalte von links habe ich noch Gewichtungsfaktoren integriert.

Die Summenspalte rechts ergibt sich also aus einer Multiplikation aus dem jeweiligen Gewichtungsfaktor mit dem einzelnen Bewertungsmerkmal (-2.-1,0.1,2).

Somit ergibt sich das nachfolgende Gesamtbild (Abb. 2.4):

Je weiter oben-rechts die Kundendarstellung angesiedelt ist, desto spannender ist es, für uns als Lieferanten mit dem Kontakt zu interagieren, ein Angebot zu unterbreiten und „am Ball zu bleiben".

Lessons learned:

Ich hatte oben erwähnt, dass die Aufgabe des Marketings in:

- Vorbereitung
- Durchführung und
- Nachbereitung von Kampagnen liegt

Abb. 2.4 Lead-Qualifizierung

Die Vorbereitung beinhaltet bereits die Fragestellung, wie ich die Kontakte quali-
fizieren und segmentieren kann. Ich habe in der Vergangenheit die gemachten
Kontakte nach Postleitzahlen- und Zuständigkeit gegliedert und an den
zuständigen Vertriebsmitarbeiter geleitet.

Nun kommt irgendwann die Geschäftsführung und möchte vom Marketing
wissen, was aus den Kontakten bei der Messe geworden ist. Das Event, die
Kampagne wird aus dem Marketing-Budget finanziert. Die Geschäftsführung
beschäftig sich mit der Frage der Refinanzierung einer Kampagne.

Hier ist das Schnittstellenmanagement zwischen Marketing und Vertrieb von
entscheidender Bedeutung.

Ein Professor für Volkswirtschaft sagte mir einmal, das zwei Faktoren die
wirtschaftliche Leistungsfähigkeit einer Wirtschaftsregion bestimmen:

- Aktivitätsgrad
- Organisationseffizienz

Ich habe für mich entdeckt, dass dies auch für Unternehmen und Personen, Mitarbeiter gilt.

Liefere ich dem Vertrieb einen Stapel an Kontakten, wird dieser mir einen
Aktivitätsgrad von > 100 % kommunizieren. Wenn es mir aber gelingt, dem Mitarbeiter im Vertrieb einen, oder zwei wirklich wichtige Kontakte zu überreichen
und diese innerhalb von 48 h telefonisch zu kontaktieren sind, kann ich bereits
pro-aktiv 7 Tage nach Abschluss der Messe der Geschäftsführung einen ersten
Post-Messe-Bericht präsentieren.

Diese Art von Management macht allen Beteiligten Spaß.

Der Kunde 1 (grün) ist also vom Key Account Manager zu bearbeiten, Kunde
2 (blau) vom Vertriebsinnendienst und Kunde 3 (orange) vom Marketing, denn
dieser kann oder möchte gegenwärtig noch nicht mit uns zusammen arbeiten.

2.2 Bestandskundenentwicklung

Der Bestandskunde wird mit zunehmender Kundenbindung immer anspruchs-
voller. Was gestern ganz toll war, ist heute nur noch Standard. Standard reicht
aber nicht, um den Kunden zu begeistern. Die Wichtigkeit der Betrachtung des
A-Kunden ist für alle betrieblichen Abteilungen notwendig. Es wäre illusorisch
zu glauben, der Vertrieb, insbesondere der Key Account Manager wäre alleine
dazu in der Lage, Bestandkundenentwicklung in eigener Instanz zu realisieren.
Es ist notwendig, dass man sich zum Ende eines Geschäftsjahres zusammen setzt

und über die Aktionen und Möglichkeiten der Bestandskundenentwicklung zu sprechen.

2.2.1 Bestandskundenentwicklung im Vertrieb/KAM

Der Verkäufer sollte immer auf seiner Stellenbeschreibung „die Entwicklung des Bestandskunden" als zentrale Aufgabe stehen haben. Einen strategischen Ansatz für eine nachhaltige Entwicklungsidee liefern Key Performance Indikatoren, KPI´s. Die Marketingforschung, egal ob diese intern oder extern angesiedelt ist, liefert nicht immer den nötigen Input für eine Kundenentwicklung. D.d. diese Entwicklung sollte vom Vertrieb, vom Key Account Management kommen. Hier ist die entscheidende Frage, welches Potential hat mein Kunde in drei Betrachtungsstufen:

a) Welches Potential besteht für meine aktuell gelieferten Produkte?
b) Welches Potential besteht für Produkte, die ich noch nicht an diesen A-Kunden geliefert habe, die ich aber im Angebot führe?
c) Welche Produkte/Dienstleistungen könnte ich dem Kunden noch anbieten?

2.2.2 Bestandskundenentwicklung im Marketing

Auch wenn es auf den ersten Blick nicht so ausschaut, als sei das Marketing für eine Kundenentwicklung zuständig, so macht sich das Marketing doch Gedanken um die Effizienz und die Refinanzierung von Marketing-Kampagnen. Eine Messeteilnahme könnte so eine Kampagne sein. In der Regel trifft auf einer Messe das Buying Center (Entscheider, Beeinflusser, Nutzer) mit dem Selling Center (Key Account Manager, Leiter Vertrieb, Techniker, R&D-Leiter, Produktmanager, Geschäftsführer) aufeinander. Hier sollte die Plattform also möglichst effizient genutzt werden, um im größeren Kreis über die Entwicklung der bestehenden Partnerschaft zu sprechen. Das hier akquirierte Volumen sollte dann der Messe und der Refinanzierung dieser Marketing-Kampagne zugerechnet werden.

Das Marketing hat zusätzlich, gemeinsam mit dem Vertrieb, die Aufgabe, die Zufriedenheit der Kunden zu eruieren. Bei den Key Accounts ist Zufriedenheit und die Entwicklung der Zufriedenheit ein elementarer Bestandteil für den mitte- und langfristigen Unternehmenserfolg.

2.2.3 Kundenzufriedenheitsmanagement

Es ist mir immer wieder ein Rätsel, wie wenig man – und da schließe ich mich selbst auch nicht aus – über den Kunden weiß. Was macht der Kunde, wie wird das Produkt/die Dienstleistung hergestellt. Wo wird Einfluss auf die Wertentstehung gelegt? Wie entwickelt sich die Branche, wie die Nachfrage, welche Risiken oder additive Chancen gibt es? Welche Wettbewerbsvorteile identifiziert der Kunde für sich selbst und welche Erwartungen hat das Buying Center an den Lieferanten, das Produkt und den damit verbundenen Nutzen?

Ein Marketing-Instrument, dass in keinem Unternehme fehlen sollte, ist die Kundenzufriedenheitsbewertung. Nur wenn es mir gelingt, ein Feedback von Kundenseite zu erhalten, werde ich meine Produkte und Dienstleistungen entsprechend den individuellen Anforderungen optimieren können. Ich spreche hier gezielt von „individuellen Anforderungen", denn es geht um die Fragestellung, das Produkt für den Kunden zu individualisieren und damit den Nutzen, die Zufriedenheit und die Kundenbindung zu erhöhen.

Nun könnte der eine, oder andere Geschäftsführer argumentieren, dass „weiche Kennzahlen", wie der Kundenzufriedenheitswert keinen Ausmaß, keinen Impact auch die finanzwirtschaftlichen Kennzahlen hat. Die Logik spricht aber dagegen. Ein Investment in diesen Bereich sollte erheblichen Einfluss auf die „Gesundheit des Unternehmens", den Return on Investment haben.

Beispiel:

Ich bin seit Jahren (eigentlich) zufriedener Kunde bei Toyota. Ich habe von dieser Marke in den letzten 20 Jahren 5 Neuwagen gekauft und in diesem besagten Autohaus warten lassen. Nun kommt im Frühling 2023 eine Rechnung. Da steht „4711." und ein Rechnungsbetrag.

- Was denkt sich der Kunde?
- Wie verläuft die nachfolgende Kommunikation?

Ich denke mir: „Was ist das denn"? Zahlungen erfolgen in diesem Autohaus immer „cash" oder „cash äquivalent". Es ist mir also nicht bekannt, dass ich dort noch eine Rechnung offen habe und „Leistung 4711…" sagt mir überhaupt nichts. Ich denke mir, da ich in Kürze in der Werkstatt bin, spreche ich das Unternehmen darauf an. Nun hat sich meine zeitliche Planung verzögert, der Autohausbesuch muss warten.

Dann kommt ein erneutes Schreiben „Mahnung" und andere böse Worte, die man weder als Verkäufer noch als Kunde gerne hört.

Nun ist Toyota ja für ein exzellentes Qualitätsmanagement bekannt. Die Kreditorenbuchhaltung hat aber das Ishikawa-Diagramm, übrigens auch eine Erfindung der Japaner, nicht beachtet. Hier wird der Zusammenhang zwischen Ursache und Wirkung dargestellt und wird in der Literatur auch als Methode der 6 M oder Fischgräten-Diagramm kommuniziert.

Jetzt kommt der eine oder andere selbstbewusste Manager und behauptet, dass 30 % aller Rechnungen innerhalb des Zahlungsziels beglichen werden. Ja, das ist korrekt. Nur, wenn ich diesen Wert als „gut" erachte, wird sich der kundenspezifische Wert niemals verbessern. Ich behaupte also, dass der Fehler bei 70 % liegt. Was ist nun zu tun, um diesen Fehler zu reduzieren und das Verständnis bei Kunden zu optimieren, um mein Ziel, einen kurzfristigen Zahlungseingang zu erreichen?

- Die Leistung „4711." so umschreiben, dass der Kunde weiß, was fakturiert wird.
- Das Medium ändern Post nicht mehrfach senden, sondern anrufen, E-Mail senden, Whats App oder was immer Sie an direkten Methoden der Kundenkommunikation als gut und richtig empfinden. Vielleicht ist der Kunde gerade 3 Monate auf Montage, im Ausland oder einfach postalisch nicht erreichbar.
- Die IBAN-Nummer in einer Schriftgröße, die man auch mit einem Lebensalter von > 50 Jahren lesen kann.
- Den offenen Rechnungsbetrag bei nächsten Werkstattbesuch addieren und erklären, was es mit dieser „anders fakturierten Leistung" auf sich hat.
- …
- …

Zur Erinnerung noch einmal: Es gibt zahlreiche Kundenkontakte zwischen Selling Center und Buying Center. Nicht alle werden von kundenorientierten Damen und Herren getätigt. Dennoch sollte sich im Unternehmen jemand um die Qualität der Kundenkontakte kümmern und deren Optimierung im Blick haben. Bei hochpreisigen Gütern, gleich, ob Investitionsgut oder langlebiges Investitionsgut, ist ein solches Verhalten kontraproduktiv für die Entwicklung eines Customer lifetime values. Zusammenfassend muss dies bedeuten, dass alle Mitarbeiter das gleiche Ziel haben. Kundenfreundlichkeit, Kundenzufriedenheit und Kundenbindung. Der Verkauf insbesondere der Key Account Manager verkauft auch immer nach innen, ins eigene Unternehmen. Es geht darum Schwächen zu identifizieren und diese Schachstellen zu verbessern. In Bezug auf Qualität denken wir meist an Produktqualität. Heute scheint es mir sehr viel wichtiger, die Prozess- und Dienstleistungsqualität in den Fokus des aktiven Kundenmanagements zu setzen.

- Rufen Sie einmal Ihr Service-Center an.
- Wie empfinden Sie es, wenn eine automatisierte Stimme Ihnen sagt: „Derzeit sind alle Leistungen belegt, versuchen Sie es bitte zu einem anderen Zeitpunkt wieder".
- „Nein, ich rufe in der nächsten Sekunde den Wettbewerb an"
- Ist dieser besser erreichbar, kann ich mich dort kurz nett, informativ unterhalten und meinen Bedarf kommunizieren.
- Schauen Sie ab und zu auch mal auf Ihre eigene Webseite.
- Wie empfinden Sie die Nutzbarkeit? Vergleichen Sie diese mit anderen Webseiten, die Sie dienstlich und privat besuchen.
- Was passiert, wenn Sie ein Kontaktformular im Internet ausfüllen.
- Wer meldet sich wann?

In Japan heißt der Kunde „ehrenwerter Gast". Nicht immer fühlt man sich so.
Ich war in der Vergangenheit für die Länder in Mittel- und Osteuropa, sowie für einige südeuropäische Länder für den Auf- und Ausbau der Geschäftsbeziehungen zuständig. Ein ähnlicher Faktura-Prozess, wie oben beschrieben, bestand auch in diesem Unternehmensumfeld. Wie sollte ich nun mit dem Handelspartner in Tschechien abends bei einem guten Steak und sehr gutem Bier sitzen, wenn dieser ein paar Tage zuvor von meiner Kreditorenbuchhaltung „ermahnt" wurde? Das geht nur schlecht. Also haben wir den Prozess anders definiert. Wenn es Zahlungsverzug gab, wurde ich informiert, schnappte mir den Telefonhörer zu fragte nach den Gründen. Die Elektronik sollte und darf den Verkaufskontakt nicht ersetzen, sondern lediglich ergänzen.

Ein best-practise-Beispiel:

Das Unternehmen E.Breuninger GmbH & Co.KG mit Sitz in Stuttgart ist bekannt für Modehandel und hat den Übergang von analog zu digital ganz offensichtlich perfekt gemeistert.

Ich hatte, als braver Ehemann, die Aufgabe einige Sommerkleidchen für meine Gattin in den Einkaufswagen zu platzieren und zu zahlen.

Irgendwie war dann aber etwas anderes wichtiger und ich klickte das Dialogfenster im Internet weg.

- „Sie sind gerade dabei den Vorgang zu beenden. Sind Sie sicher"?
- Woran hat es gelegen, dass Sie Ihren Einkauf nicht fortgesetzt haben?
- An der Farbe?
- An der Verfügbarkeit?
- An den Zahlungskonditionen?
- Andere Gründe….

Das finde ich RICHTIG klasse. Hier hat jemand genau das Fischgräten-Diagramm angewendet, welches wir oben beschrieben haben.

50 % der befragten nennen die Verfügbarkeit als Grund für den Kaufabbruch. Daraus folgt ein Aktionsplan für das Produktmanagement und die Logistik/ Supply Chain Management mit dem Ziel, die Verfügbarkeit zu optimieren.

Hier bin ich wieder bei meinem Vorwort. Business ist keine Wissenschaft. Aktionen und nachfolgende Investitionen müssen nachvollziehbar sein und das sind sie mit der Integration eines solchen Management Werkzeugs (Fischgräten-Diagramm).

Warum?

Der Geschäftsführer möchte irgendwann wissen, warum ich in die Verfügbarkeit der Angebote investiere. Die Antwort lautet:

„Weil es dem Kunden wichtig ist und unseren Umsatz, unsere Rendite erhöht".

Was machen Sie, wenn Sie das Produkt nicht innerhalb der nächsten zwei Tage bekommen sollten?

Sie suchen dieses Produkt auf amazon und lassen es sich bis morgen um 14:00 Uhr Ortszeit liefern.

Lessons learned:

Produkte gibt es auf verschiedenen Vertriebskanälen zu unterschiedlichen Preisen mit unterschiedlichen Prozessen. Die Anforderung an Ihr „Alleinstellungsmerkmal" nimmt kontinuierlich zu.

2.2.4   Net Promotor Score, NPS

Die Methode der Kundenzufriedenheitsbewertung mt dem sogenannten Net Promotor Score basiert auf einer zentralen Frage: „Mit welcher Wahrscheinlichkeit würden Sie und weiter empfehlen"? Im B2C Management funktioniert das, wenn Sie Ihrem Freund, oder Ihrer Freundin ein Reisebüro oder ein exzellentes Restaurant oder einen Handwerker empfehlen. Im B2B Management scheint das nicht immer uneingeschränkt zu funktionieren. Das Entscheidungsgremium im Business to Business Sektor sollte unterschiedliche Entscheidungspunkte in die Lieferantenbewertung integrieren. Dennoch können und sollten Sie innerhalb der Kundenstruktur nach „Befürwortern", nach „Unterstützern", nach „Promotoren" suchen. Das sind Damen und Herren, die Ihnen vertrauen, Probleme und Herausforderungen zu lösen.

Ein Bespiel aus dem Automotive-Bereich:

Infolge einer Ausschreibung gewinnt ein Hersteller für Stoßstangen bei einer namenhaften bayrischen Automobilmarke und darf in den nächsten Jahren die Stoßstangen für eine Serien liefern. Im Vorfeld wird ein Crash-Test durchgeführt und leider wird realisiert, dass der selektierte Hersteller der Stoßstangen die Anforderungen des Tests nicht erfüllt.

Nun klingelt das Handy des Key Account Managers.

„Können Sie mir bitte umgehend ein Prototype XY herstellen und an meinen Schreibtisch senden"?

„Ja, das kann ich und vor allem DAS WILL ICH".

Nun muss aber auch jeder im Unternehmen bereit sein, am Abend mal auf den Sportverein zu verzichten und an diesem Auftrag zu arbeiten.

Hier kann ich mich beweisen und „Freunde" gewinnen, die mir auch in Zukunft das Vertrauen aussprechen werden und mich innerbetrieblich auch bei anderen Projektverantwortlichkeiten empfehlen.

Auch hier sehen wir wieder, dass Prozessmanagement nicht zu ersetzen ist.

Wenn nun der Prototyp bis 16:00 Uhr gefertigt werden kann, das Produkt aber nicht mehr der Spedition übergeben werden kann, werde ich, als Key Account Manager, alles daran setzen, dass das Produkt an diesem Abend noch in meinem Auto landet und ich es persönlich bei Kunden, dem Empfänger abgeben werde. Diese Aktion wird sicherlich vom Kunden eine gewisse Wertschätzung erfahren.

Sollte das Produkt aber erfolgreich der Spedition übergeben worden sein, werde ich mir, als Key Account Manager, die Tracking-Nummer der Fracht notieren und ab 07:00 des kommenden Tages die Lieferung überwachen, dann den Kunden anrufen und mir (persönlich, bzw. fernmündlich) den Empfang zu bestätigen.

Kundenorientierte Prozesse funktionieren schon mal nicht reibungslos, weil wir (die Key Account Manager) essentiell wichtige Prozesse oder Teilprozesse lasziver delegieren und nicht mehr kontrollieren. Die Kontrolle ist wichtig, sonst sind die vorgelagerten Teilprozesse und die ganze Mühe und die Aufwand, um schnell ein qualitativ hochwertiges Produkt zum Kunden zu bringen umsonst gewesen.

Ich hatte 2008 mal ein solches Erlebnis:

Der Kunde, ein Generalimporteur in der Slowakei, hat einen soliden Auftrag platziert und die Vorgabe der Lieferung am Freitag um 08:00 Uhr an die Baustelle in Bratislava.

Um 10:00 Uhr ruft mich der Kunde nervös an und fragt mich, wo die Ware ist. Ich wusste nicht, dass es zu Verzögerungen gekommen ist. Alle Ampeln standen auf „grün", aber die Logistik hatte es versäumt, den Spediteur die Ware zu übergeben – Klassiker.

Ich laufe Amok und möchte gerade „sehr maskulin" mit dem Leiter der Logistik sprechen, als mich der Geschäftsführer fragt: „Wer ist verantwortlich"?

„Nun ja, es ist mein Land, mein Projekt, mein Auftrag also kann es nur meine Verantwortung sein". Delegation muss funktionieren.

Wichtig war, dass wir aus dem Prozessfehler gelernt haben und den Ablauf umgestellt haben, das der Generalimporteur und der Endkunde ausreichend Transparenz hatten.

$$NPS = \left(\frac{n \text{ Promotoren}}{n \text{ Befragte}} \right) - \left(\frac{n \text{ Detractoren}}{n \text{ Befragte}} \right)$$

Da solche Formel häufig erschreckend kompliziert wirken, möchte ich mit einen kleinen Beispiel die Einfachheit dieser Methode belegen:

Im Rahmen einer Kundenzufriedenheitsanalyse führt das Unternehmen „Happy GmbH" eine Untersuchung an 100 Kunden durch.

Auf einer Skala von 1 (sehr unzufrieden) bis 10 (sehr zufrieden), soll der Befragte meist eine einzige Frage beantworten:

„Würden Sie nochmal bei uns kaufen"?

„ Wie bewerten Sie Ihre generelle Erfahrung"?

„Würden Sie uns weiter empfehlen"?

„Bewerten Sie Ihre Zufriedenheit mit *Happy GmbH* als Lieferanten für…"

Von den bewertenden Fragebögen gibt es 3 Cluster:

a. Bewertung 1–4 gelten als Destructoren
b. Bewertung 5–8 gelten als Indifferente
c. Bewertung 9–10 gelten als Promotoren

Die Einteilung der Skala und damit die Zuordnung der 3 Cluster unterliegt keinen wissenschaftlichen Kriterien. Dies wird schon mal als Kritikpunkt für diese Methode kommuniziert.

$$\text{NPS} = \left(\frac{30}{100}\right) - \left(\frac{20}{100}\right)$$

$\text{NPS} = 0,1$

Ob es ratsam ist, diese 0,1 der Geschäftsführung zu präsentieren, sollten Sie selbst entscheiden. Im weiteren Optimierungsprozess interessiert nun, was in welcher Priorität zu welchen Kosten zu tun ist, um die Kundenzufriedenheit zu erhöhen. Dazu können wir das o.g. Fischgräten-Diagramm verwenden.

Es macht wenig, bis keinen Sinn, den kalkulierten Net Promotor Score, NPS mit dem Wettbewerb zu vergleichen. Multinationale Fluggesellschaften, wie die Deutsche Lufthansa AG machen das schon mal. Wir wissen wenig über die Methode der Untersuchung des Wettbewerbs, daher sehe einen Ansatz für einen Benchmark ehr im „Intra-Company"-Bereich. Dies bedeutet, dass ich die Zufriedenheitswerte von unterschiedlichen Business Units miteinander vergleichen sollte. Wenn es gelingt, die angebotene Leistung in prozessorientierte Teilbereiche zu zergliedern, bei der Deutschen Lufthansa AG ist das beispielsweise der „Pre-Flight-Process", der „In-Flight-Process" und der „Post-Flight-Process". Im „Pre- und Post-Flight-Bereich" sind Dinge, wie:

- Laufwege bis zum Gate
- Gepäck-Logistik
- Infrastruktur
- Parkmöglichkeiten
- Freundlichkeit des Pre-Flight-Personals
- Einfachheit des Prozesses
- U.a.

Im „In-Flight-Prozess" sind es Dinge, wie:

- Bequemlichkeit der Sitze
- Beinfreiheit
- On-Board-Entertainment
- Speisen und Getränke an Board
- Pünktlichkeit
- U.a.

Die Pünktlichkeit der Flugreise ist häufig sehr wichtig, auch wenn es sich um eine Urlaubsreise handelt und man eigentlich davon ausgehen kann, dass es völlig egal ist, ob man Mallorca um 12:15 oder um 12:45 erreicht.

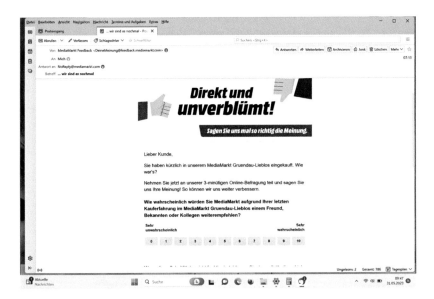

Ich war die Tage bei Media Markt und habe mich für einen neuen Kaffee-Vollautomaten interessiert. Wie die meisten Damen und Herren meines Alters, habe ich mich im Internet bereits ein wenig informiert. Ich wollte (eigentlich) ein Model von Siemens.

Nun betrete ich den Media Markt in Gründau Lieblos, gehe selbstbewusst auf den Verkaufsberater für Kaffee-Vollautomaten zu und sage ihm, dass ich mich für diese Siemens-Maschine interessiere.

Es war circa 11:00 am Vormittag und ich hatte Lust auf Espresso. In der Wartezeit frage ich den netten Verkaufsberater um einen Espresso. Er kreiert mir mein Wunschgetränk an einer Saeco Xelsis Deluxe. Ich genieße erst einmal mein Heißgetränk. Nach einem sehr wohlwollenden Nicken in Richtung Verkaufsberater empfiehlt dieser mir, dass die Saeco eine super tolle Maschine sei, der Preis ist momentan spannend und ist ab Lager verfügbar.

„Überzeugt, die nehme ich – bitte als Geschenk einpacken!"

Also, ein paar Tage später fragt mich Media Markt via E-Mail-Korrespondenz, ob ich zufrieden mit dem Einkaufserlebnis sei. Ja, ich bin **sehr** zufrieden. Ein gut motivierter Verkäufer, der selbst gerne hochwertige Kaffeespezialitäten genießt, Spaß an der Kundenberatung hat, dem Kunden nichts aufschwatzt, sondern den Kunden überzeugt, hat bei mir einen guten und bleibenden Eindruck hinterlassen. Nun war nicht nur der Verkaufsprozess, sondern auch die Saeco ausgezeichnet. Dieses gute Erlebnis werde ich gerne über die Kundenumfrage kommunizieren und oute mich, als „Promotor". Media Markt wird eine Empfehlung von mir erhalten. Respekt, gerne wieder in Gründau-Lieblos.

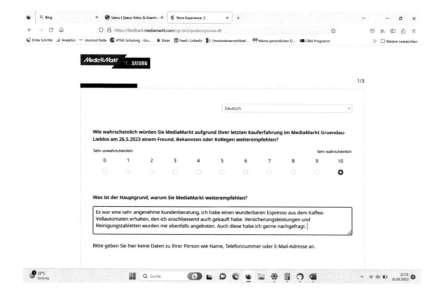

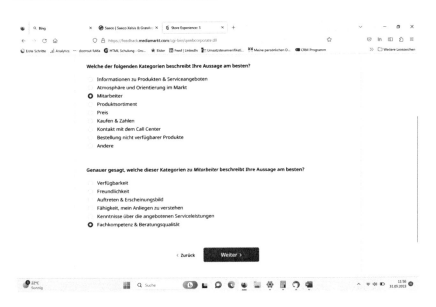

Diese Fragestellung scheint mir auch sehr wichtig. Als Verkaufsleiter bin ich stolz, wenn die Leistung des Mitarbeiters geschätzt wird.

Die Sinnhaftigkeit der zweiten Frage kann ich nicht direkt bewerten. Alle der angebotenen Antworten sind wichtig, dennoch habe ich mich für die Fachkompetenz und die Beratungsqualität entschieden. Das Auftreten und das Erscheinungsbild ist sicherlich immer „Geschmackssache".

Menschliche Vorurteile beeinflussen diese „Geschmackssache" sicherlich noch. So kann natürlich eine Dame oder ein Herr, die oder der auf den ersten Blick unsympathisch erscheint eine sehr gute und sehr kundenorientierte Beratung anbieten, mit der man auf den „ersten Blick" gar nicht gerechnet hätte.

Mein Ratschlag an Verkäufer in dieser Situation:

- Fragen stellen
- Zuhören
- Budget von … bis….
- Alternativen aufzeigen

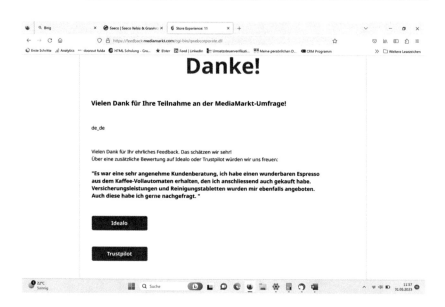

Was mir aber bei dieser Kundenbefragung noch ein wenig fehlt, ist die Kombination mit einer Kundensegmentierung.

- Sind Sie privater oder gewerblicher Kunde?
- Wenn gewerblich, wie viele Mitarbeiter trinken Kaffee-Spezialitäten?
- ....

Die oben genannten Fragen gerne auch in Verbindung mit dem Angebot für die Kundenkarte. Mehr Informationen über Ihren Kunden ermöglicht eine zielgruppen- und bedarfsorientierte Ansprache. Gegenwärtig sind moderne Vollautomaten auch direkt mit alexa zu verbinden. Ist das eine Chance oder ein Risiko für den Handelsbetrieb? Was möchte Alexa? Kaffee, Reinigungsmittel und Ersatzteile bestellen. Das ist sehr einfach und damit ein Risiko, dass die Ersatzteile und die Bedarfsteile nicht im Handelsbetrieb bestellt werden.

Diese Art der Kundenbefragung führt z. B. auch Mc Donalds durch. Nun mag der eine oder andere sagen, dass Mc Donalds Mahlzeiten nicht in die ausgewogene Ernährung eines gesunden Menschen passen. Das mag jeder für sich beantworten. Dennoch gelingt es dem Unternehmen in einer erstaunlichen Weise, eine klar definierte Qualität von Produkten rund um den Globus (weitgehend) undifferenziert anzubieten. Prozessmanagement und Prozesskostenanalyse wurde best practise verstanden. Heute dient Mc Donalds häufig als Benchmark für Prozessanalysen.

Bei Mc Donalds ist die Befragung international und interkulturell undifferenziert mit Smilies dargestellt.

2.2.5   Customer Satisfaction Index, CSI

Basis dieses Ansatzes ist ein 2-Skalen-Fragebogen. Es wird die wahrgenommene Leistung und die Wichtigkeit dieses Leistungsmerkmals beim Kunden hinterfragt.

Dies meisten Damen und Herren, die sich mit dieser Art von Literatur beschäftigen, reisen häufig und übernachten häufig in Hotels. In Hotels wird man schon mal befragt, ob man denn auch zufrieden war.

Eine Reihe von Merkmalen erscheint:

- Servicefreundlichkeit Rezeption
- Servicefreundlichkeit Bar/Gastro
- Sauberkeit und Bequemlichkeit Zimmer
- Wellness Oase
- Frühstück

Nun habe ich mir tatsächlich einmal den Luxus gegönnt, ein Hotel im Südosten der Republik zu buchen, die einen Wellnessbereich hatten. Das war mir in dem Moment der Buchung wichtig. Ich reiste also am Sonntag dort bereits an und ging in die Sauna. Die Anlage war wirklich toll.

In 100 weiteren Übernachtungen im Jahr ist mir der Wellnessbereich völlig egal. Das Frühstücksangebot ist für mich, meist geschäftsreisend unterwegs, nebensächlich, da mir meist eine Tasse Kaffee und eine Semmel ausreicht. Für privatreisende ist es eine tolle Sache, am Vormittag eine gute aus ausgewogene Mahlzeit zu konsumieren.

Meist habe ich eine lange Anreise, einen erlebnisreichen Tag und bin glücklich, wenn ich schnell und möglichst unkompliziert einchecken kann.

„Willkommen Herr Capone" – so empfängt mich das motel one deutschlandweit. Was das motel one allerdings nicht weiß ist, dass ich fast alle Standorte der Hotelkette im Jahr besuche und so etwas, wie ein A-Kunde sein könnte.

Nach dem Einchecken genieße ich gerne ein Kaltgetränk. Die Bar ist gleich nebenan und man hat da meist etwas, was meinen Durst bändigen kann.

Größere Hotels, wie das Intercity in Hamburg am Dammtor, akquirieren und managen mit einen sehr schönen Seminarbereich auf B2B-Kunden. Hier sei auch

die Frage erlaubt, was der Bildungsträger von einem Veranstalter erwartet. Was
sind „must haves", was sind „nice to have"-Eigenschaften, bzw. Leistungen.
Unschön ist es, wenn der Bildungsträger, aufgrund eines nicht ausgewogenen
Mittagessens eine negative Bewertung erhält. Hier sollte im Vorfeld bereits eine
Kommunikation mit den Teilnehmern erfolgen:

- Vegan
- Vegetarisch
- Fleisch
- Koscher
- Broteinheiten

Der Preis spielt nicht immer die einzige Rolle. Es geht darum, den Teilnehmer
zu begeistern. Diese Lokation begeistert mit einem wunderschönen Rundumblick
über ganz Hamburg. Man kann in der Kaffeepause einfach nur dasitzen und die
berühmten Bauwerke, wie die Elbphilharmonie bestaunen. Das sind bleibende
Eindrücke, die neben bleibenden Eindrücken des Seminars lange Zeit Freude
bereiten.

	Servicefreundlich-keit	Bar / Freundlichkeit	Zimmer	Wellness	Frühstück	Summe
Wichtigkeit	0,15	0,05	0,6	0,05	0,15	1
wahr.Leistung	7	8	6	10	9	
CSI	1,05	0,4	3,6	0,5	1,35	6,9

Ich habe in dieser Tabelle einmal ein Beispiel für eine Kundenzufriedenheits-
befragung für ein Hotel gestaltet.
Die Wichtigkeit der wahrgenommenen Leistung wird erfragt. Die Summe
dieser Zeile soll 1,00 oder 100 % ergeben. Die Leistungsmerkmale werden somit
normiert.
Warum?
Weil Ihr Geschäftsführer Sie nach dem Aussagewert des Ergebnisses befragen
wird. Das Ergebnis, der CSI kann somit nur zwischen 1 und 10 liegen um ist
somit an der Skala sehr gut zu erklären.

Hier liegt der CSI bei 6,9. 6,9 liegt auf der Skala von 1–10 also in einem guten oberen Wert. Dennoch ist Luft nach oben.

Welche Schritte gehen wir nun, um die Kundenzufriedenheit zu erhöhen? Hier schauen wir uns zwei Faktoren an:

- Wichtigkeit
- „Gap" zwischen Ist und Soll

Zunächst würde ich hier das Zimmer als Optimierungspotential identifizieren. Welche Faktoren fehlen dem Kunden, wenn er das Zimmer bei einer Skala von 1–10 bei 6 bewertet?

2.3 Kundenrückgewinnung im Key Account Management

Die zentrale Fragestellung hier lautet: Wie viele und welche ehemaligen A-Kunden sind abgewandert? 3 gilt es für einen KAM zu identifizieren, zu kontaktieren und eine Frage zu stellen: „Sind Sie offen für eine neue Kunden-Lieferanten-Beziehung mit uns"?

Die Antwort sollte im B2B- Vertrieb immer lauten: „Was können Sie mir heute bieten, was ich bei meinem aktuellen Lieferanten nicht bekomme"? Hier gilt es Vertrauen zurück zu gewinnen. Die Persönlichkeit des Verkäufers ist hier im Fokus. Jeder Teilprozess, jeder Kundenkontakt kann positiv oder negativ aufgefasst werden. Es sollte dem Key Account Manager möglich sein, 1 von 3 abgewanderten Kunden zu re-konvertieren.

Im Vorfeld dieser Entwicklungsbetrachtung sollte man definieren, ab wann der Kunde Kunde ist und wann der Kunde als „nicht mehr aktiv" gilt.

Entlohnung und Motivation von Verkäufern und Key Account Managern

Zusammenfassung

Die Art der Entlohnung eines Verkäufers, insbesondere eines Key Account Managers sollte motivierende Aspekte haben. Wenn ein Auftrag generiert werden kann, soll des dem Anbieter, dem Lieferanten Spaß machen. Nun kann man sicherlich getrennter Meinung sein, was im Arbeitsleben Spaß macht. Der monetäre Faktor kann dazu beitragen, dass die Mitarbeiter gerne verkaufen.

Die Soziologie spricht von intrinsischer und extrinsischer Motivation. Da ich Betriebswirt bin und eine betriebswirtschaftliche Sprache favorisiere, spreche ich von:

- Monetärer und
- Nicht-monetärer Motivation

Die monetäre-Motivation ist leider häufig an den Umsatz gekoppelt. Das scheint mir nicht die richtige, oder nicht die einzig richtige Basis für eine monetäre Entlohnung zu sein. Der Verkauf sollte als Profit Center organisiert und trainiert werden.

Der Profit Center-Gedanke würde also die Fragestellung der Effizienz, der Rentabilität nach Verkaufsgebiet, nach Verkäufer analysieren und damit einen monetären Anreiz kalkulieren.

- Rabatte und Rabattverhalten
- Verhandlungsstärke bei Jahresgesprächen
- Kundenorientierte Gemeinkosten

würden also **keine** Berücksichtigung finden.

Der Faktor „nicht-monetäre-Motivation" ist in der gegenwärtigen Arbeitswelt ein sehr individueller Faktor, welcher aber immer auch mit Wertschätzung, mit Anerkennung, mit Arbeitsklima, Verantwortung, Entwicklung, Fehlerkultur u. a. zu tun hat.

An dieser Stelle sei mir noch ein kleiner Hinweis zum Thema Zufriedenheit der Mitarbeiter erlaubt. Die Zufriedenheit der Mitarbeiter ist ebenso wichtig, wie die Zufriedenheit der Kunden. Das Messinstrument ist sehr ähnlich. Beides führt zu Bindung, zu langjährigen Beziehungen, zu Empfehlungsmarketing und zu einer Optimierung des Return on Investments.

Unique Selling Proposition im Key Account Management

4

Zusammenfassung

Die Marketing-Experten sprechen seit vielen Jahren über den Mythos „unique selling proposition". Im Key Account Management gibt es das nicht. Gäbe es dies, wäre es einfach, einen Großkunden zu gewinnen und langfristig zu binden. Die „unique selling proposition" wird also zu einer „unique customer proposition".

Im Marketing existiert seit der Gründung des Marketings als betriebswirtschaftliche Teil- Disziplin der Ausdruck „unique selling proposition". Die Übersetzung ins Deutsche fällt mit „Alleinstellungsmerkmal" ein wenig holprig aus.

Ziel des Marketings ist es also, Produkte und Dienstleistungen so zu entwickeln, dass es sich signifikant von anderen Angeboten am Markt unterscheidet.

Das Marketing betrachtet dabei die Frage, wie differenziert, bzw. wie undifferenziert das Produkt/die Dienstleistung in den unterschiedlichen Landesmärkten angeboten wird.

Dabei sind die klassischen 4 + 1 P´s der Untersuchungsgegenstand.

- Preis
- Produkt
- Place
- Promotion
- Process

R. Capone, *Key Account Management, kompakt,*
https://doi.org/10.1007/978-3-658-42922-5_4

Der Process, bzw. das kundenorientierte Prozessmanagement beinhaltet Fragstellungen nach der Qualität der kundenspezifischen Kontaktpunkte. Dies beinhaltet auch Durchlaufzeiten und Reaktionszeiten im gewerblichen, wie im administrativen Bereich. Eine „unique selling proposition" kann also in einem der o. g. 4 + 1 P´s definiert, kommuniziert und vermarktet werden.

- Der Preis könnte sowohl besonders günstig, z. B. im mehrstufigen Vertrieb wird ein besonders Motivationsargument mit einer guten Handelsspanne geliefert. Der Preis könnte aber auch besonders hoch sein, um sich vom Wettbewerb, als Technologieführer abzuheben. Die deutschen Premiumhersteller im Automobilbau, oder Apple im Bereich des fast moving consumer goods sind Beispiele für eine deutliche Differenzierung des Preises.
- Ein außergewöhnliches Produkt, welches durch herausragende Sicherheitsaspekte den Markt verändert. WAGO-Klemmen für elektrotechnische Verbindungen sind ein Beispiel für eine Differenzierung nach Produkt. Mit dieser Innovation wird ein Markenaufbau optimiert. Wenn man heute zum Elektrogroßhandel geht und sagt: !Ich hätte gerne WAGO-Klemmen", meint man damit sicherlich Steckklemmen. Das Unternehmen und das Produkt hat den Markt allerdings mit der Marke stark geprägt. Tempo oder Tesa, Marken von Beiersdorf sind weitere Beispiele.
- Eine Differenzierung nach der Art und der Intensivität des Vertriebs (Place) ist ebenfalls denkbar. Die Adolf Würth GmbH & Co.KG positioniert sich in einem anspruchsvollen Markt über Direktvertrieb und direkte Kontakte zu Ihren Endkunden.
- Wenn Sie an die Anschaffung eines neuen Vollautomaten denken, um auch in Zukunft einen besonders leckeren Espresso zu produzieren und zu konsumieren, denken Sie sicherlich an die Werbeanzeige, die Sie gestern gesehen haben. Dort stellte sich Brad Pitt als stolzer Besitzer eines „De´Longhi" Kaffee-Vollautomaten vor. Man kennt den Schauspieler und assoziiert eine gute Qualität mit der Marke. Der Preis ist auf dem Marktsegment vergleichbar mit anderen Anbietern, wie Miele, Saeco oder Siemens.
- Im Bereich der kundenorientierten Prozesse liegt in meiner Wahrnehmung amazon weit vor anderen. Kontrollierte Dialoge können auch elektronisch realisiert werden. Wenn eine Beanstandung mit einem Produkt vorliegt, ist auch der after-sales-Bereich sehr Kundenorientiert geregelt. Die Fastfoodkette Mc Donalds ist ein Benchmark für Prozessmanagement.

Die zentrale Zielsetzung im Marketing ist häufig der Marktanteil.

$$Marktanteil = \frac{Absatzvolumen}{Marktvolumen}$$

Nun kann ich bei einem Absatz von 100 Einheiten 80 Kunden, oder aber nur 5 haben. Die zentrale Zielsetzung für das Key Account Management sollte also ein wenig modifiziert werden.

Hier beschäftigen wir uns mit der Fragestellung, welchen Anteil habe ich, als Lieferant, am Gesamtbedarf meines A-Kunden.

$$Potentialausschöpfungsgrad = \frac{Liefervolumen\ an\ A\ Kunden}{Gesamtnachfrage\ des\ A\ Kunden}$$

Insbesondere die 2020er Jahre haben uns, auch durch Corona und Lieferengpässe gelehrt, dass es eine kluge Entscheidung ist, nicht die gesamte Nachfrage bei einem Lieferanten zu denken.

So kann es also sein, dass der Gesamtbedarf eines Großkunden auf 3 Lieferanten mit einer Verteilung von 20 %, 35 % und 45 % verteilt wird. Um eine nachhaltige Kundenentwicklung zu initiieren, stellt sich für den Key Account Manager die folgenden Fragen:

- Wie ist mein aktueller Status, als Lieferant
- Wer ist mein stärkster Wettbewerber
- Wie kann ich mit meinem Angebot beim Großkunden wachsen

Um diese Fragestellung zu entwickeln und um Marketing- und Vertriebsziele miteinander in Einklang zu bringen, ist für den Großkundenbetreuer „Miko-Marketing" eine wichtige Grundlage, um die bestehende Performance zu optimieren.

Oftmals ist ein traditionelles BCG-Portfolio nicht realisierbar, da man oftmals den Gesamtmarkt nicht kennt. Ein Portfolio ist ein Management-Werkzeug, welches ideal zur Visualisierung von Zusammenhängen dienen kann.

Das nachfolgende Portfolio (IVM-Portfolio) ist im „Mikro-Marketing" immer möglich.

Auf der vertikalen Achse ist der relative Deckungsbeitrag, auf der horizontalen Achse ist der relative Potentialausschöpfungsgrad aufgetragen.

Es ist mir bewusst, dass es in der Literatur auch andere Darstellungsfomen des realiven Deckungsbeitrages gibt.

Es gibt hier kein „best practise", keinen „heiligen Gral" und kein „blue print" des Marketings und des nachhaltigen Vertriebsmanagements.

Suchen und finden Sie in Ihrem Team Zahlen, Daten und Fakten, die Ihnen die Bearbeitung und die Entwicklung von Potentialen und Kunden ermöglicht, mit denen Sie sich identifizieren können und die Ihre Kollegen und Mitarbeiter motivieren.

Für mich ist der nachfolgend kalkulierte relative Deckungsbeitrag eine wichtige Entscheidungsgrundlage für die Frage, welche Produkte noch bei dem Bestandskunden verkauft werden können und ie ich mit meinen Aktivitäten die Performance meines Verkaufsgebietes und meines Großkunden optimieren und damit einen entscheidenden Betrag zum Return on Investment des Unternehmens beitragen kann.

Die Größe der Blase ergibt sich aus dem Umsatz,- Deckungsbeitragsvolumen (Abb. 4.1).

$$\textit{Return on Investment} = \textit{Umsatzrentabilität} * \textit{Kapitalumschlag}$$

$$\textit{Relativer Deckungsbeitrag} = \frac{\textit{Deckungsbetrag Prodktgruppe 1}}{\textit{Durchschnittlchen DB des Lieferanten}}$$

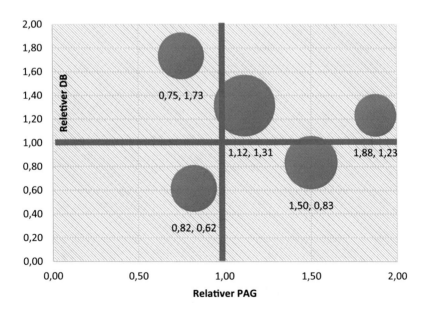

Abb. 4.1 IVM-Portfolio

Wie im traditionellen BCG-Portfolio verfügt auch das oben dargestellte IVM-Portfolio über 4 Quadranten. Beginnen wir einmal unten links. Der Kreis, der dort ist, beinhaltet die Darstellung eines Produktes, welches einen geringen Deckungsbeitrag, im Verhältnis zum durchschnittlichen Deckungsbeitrag und einen geringen Potentialausschöpfungsgrad, im Verhältnis zu dem stärksten Wettbewerber darstellt.

Dieses Produkt beim Kunden nun aktiver zu vermarkten, scheint nicht die beste Lösung zu sein.

Im oberen linken Quadranten gibt es einen großen Kreis (großes Gesamt-potential), einem überdurchschnittlichen Deckungsbeitrag und einen guten relativen Potentialausschöpfungsgrad im Verhältnis zum stärksten Wettbewerber.

Hier interpretiere ich eine „strategische Möglichkeit".

Schauen wir uns einmal die Kalkulation für diesen großen Kreis an. Als durchschnittlichen Deckungsbeitrag des Lieferanten habe ich 0,6 oder 60 % angenommen. Die Produktgruppe performt selbst mit einem Deckungsbeitrag von 0,67 oder 67 %.

$$Relativer\ Deckungsbeitrag = \frac{0{,}67}{0{,}60}$$

Daraus ergibt sich ein Deckungsbeitrag für dieses Produkt/diese Produktgruppe von 1,12. Das Ergebnis ist > 1 und wird daher als DB-intensiv interpretiert.

Der relative PAG errechnet sich:

$$Relativer\ PAG = \frac{Eigener\ Potentialausschöpfungsgrad}{PAG\ des\ stärktsten\ Wettbewerbers}$$

Wenn sich im Vorfeld noch die Frage nach dem eigenen PAG aufkommt, wird dies in der folgenden Formel dargestellt:

$$Eigener\ PAG = \frac{Liefervolumen}{Gesamtnachfrage\ des\ Kunden}$$

In der o. g. Formel geht es zunächst einmal um die betrachtete Produktgruppe, das betrachtete Produkt.

Der relative PAG für unser Fokus-Produkt errechnet sich also wie folgt:

$$Relativer\ PAG = \frac{230}{175}$$

Damit kalkulieren wir einen relativen Potentialausschöpfungsgrad von 1,31. Auch dieses Ergebnis ist > 1 und stellt eine Stärke dar.

In dem IVM-Portfolio interpretieren wir also ansatzweise Stärken und Schwächen. Wenn wir diese Erkenntnis nun wieder auf unsere ursprüngliche Fragestellung, der „unique selling proposition" transferieren, erkennen wir schnell, dass es in der effizienten Großkundenbetreuung und der Großkundenentwicklung um eine veränderte Fragestellung gehen muss.

Im Key Account Management beschäftigt uns die Frage nach der „unique customer proposition".

Wenn wir dann wieder in unsere 4+1 P´s gehen, sollten wir in der Lage sein, dem Großkunden einen Differenzierungsgrad anbieten zu können, der vom Kunden wahrgenommen und geschätzt wird und unser Potentialausschöpfungsgrad beim Schlüsselkunden erhöht und optimiert.

Wie erarbeite ich mir Informationen über den Potentialausschöpfungsgrad?

Die Antwort auf diese Frage ist: „Fragen". Den Kunden fragen.

- Sind wir der einzige Lieferant für diese Produkte?
- Wer liefert Ihnen noch diese Produkte?
- Wie groß ist unser Potential am Gesamtbedarf?
- Mit wem müssen wir uns vergleichen/benchmarken?

USP wir zur Unique Customer Proposition

Als Erkenntnis für dieses Kapitel halten wir also fest, dass es in der strategischen Vertriebsfrage darum geht, welchen Kunden bewerte ich als A-Kunde, wo liegt das Potential des A-Kunden, wo sind meine gegenwärtigen Stärken und Schwächen und wie kann ich, gemeinsam mit dem Marketing-Management diesen individuellen Kunden nachhaltig entwickeln. Eine positive Entwicklung meines Potentialausschöpfungsgrades beim A-Kunden sollte positive Auswirkungen auf mein primäres Ziel, die Entwicklung des Marktanteils haben.

Ich habe hier bewusst das Vokabel „sollte" verwendet, denn ob dies so ist, muss überprüft und verifiziert werden.

Management Deployment wird in der deutschen Sprache mit dem Herunterbrechen von Zielen übersetzt. Hier stellen wir also auch einen engen Bezug zwischen Marketing- und Vertriebszielen fest.

Zahlreiche Grundgendanken existieren bereits im Marketing- und Vertriebsmanagement. Diese sollten nur branchen- und unternehmensorientiert überarbeitet und nutzbar gemacht werden. Das Hauptziel, die Entwicklung des Marktanteils wird auf das Verkaufsgebiet, den Verkäufer und den Kunden herunter gebrochen.

Wie kann man Key Accounts identifizieren und segmentieren

5

Zusammenfassung

Die Definition und Segmentierung von Großkunden und/oder potentiellen Großkunden ist immer eine intensive und oft diskussionsfreudige Angelegenheit. Grundsätzlich stehen wirtschaftliche Faktoren im Fokus, wie Umsatz, Absatz, Deckungsbeitrag oder gar Profitabilität. Es kann aber auch, und das ist möglicherweise die smarte Art der zielorientierte Kundensegmentierung nach Potential segmentiert werden. An dieser Stelle trifft der Vertrieb wieder ganz eng auf das Thema Marketing, verbunden mit der Frage des Potentialausschöpfungsgrades bei einem meiner aktuellen Großkunden und den Stärken und Schwächen, die mein Produkt, meine Dienstleistung im Vergleich zu meinem direkten Wettbewerber (bei meinem betrachteten Großkunden) hat.

Die Möglichkeit, Key Accounts von Accounts zu unterscheiden sollte im Rahmen einer demokratischen Entscheidungsfindung im Unternehmen erfolgen. Dennoch erläutere ich nachfolgend gerne einige Möglichkeiten, die branchenunabhängig realisierbar sind.

5.1 Segmentierung nach Umsatz/Deckungsbeitrag

Eine recht einfache Möglichkeit ist die Segmentierung nach Umsatz. Das Pareto-Diagramm spricht davon, dass 80 % des Umsatzes mit 20 % der Kundschaft gemacht werden.

R. Capone, *Key Account Management, kompakt*,
https://doi.org/10.1007/978-3-658-42922-5_5

Hier ein Zahlenbeispiel:

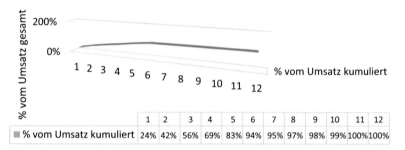

	1	2	3	4	5	6	7	8	9	10	11	12
■ % vom Umsatz kumuliert	24%	42%	56%	69%	83%	94%	95%	97%	98%	99%	100%	100%

Wir sehen in diesem Beispiel also, dass ich mit 5 von 12 Kunden einen kumulierten Umsatz > 80 % des gesamten Umsatzes realisieren. Demnach ist festzustellen, dass Kunde 1–5 als Schlüsselkunden, als Key Accounts zu segmentieren sind.

Diese Methode ist zweifelsfrei die einfachste. Ich bin ein großer Fan von Simplifizierungsansätzen im betriebswirtschaftlichen Alltag, dennoch erachte ich diese Methode als „nicht ausreichend" für ein nachhaltiges Kundenmanagement. Ein Kunde, der für mich wichtig ist, ist nicht jener, der gute Umsätze realisiert, sondern der, der interessante Deckungsbeiträge erwirtschaftet.

Wir untersuchen im Folgenden also zwei weitere Ansätze. Zunächst schauen wir uns eine zweite Segmentierung nach Deckungsbeitrag 1 und eine dritte nach Deckungsbeitrag 2 an.

Zur Erinnerung hier einmal die Formeln für die Deckungsbeiträge:

$$Deckungsbeitrag\ 1 = Umsatz - variable\ Kosten$$

$$Deckungsbeitrag\ 1 = Absatz*(Bruttopreis - Erlösschmälerung) - variable\ Kosten$$

Diese o. g. Formeln sind derart in der Fachliteratur zu ersehen. Die Kostenart und die Kostenhöhe für die variablen Kosten ist immer ein Stück weit unternehmensintern unterschiedlich. Wir sehen an der zweiten Formel, dass die Preisgestaltung beim Großkunden stark von dem Faktor „Erlösschmälerung", bzw. „Rabatt" bestimmt wird.

Segmentierung nach DB1 / DB Marge

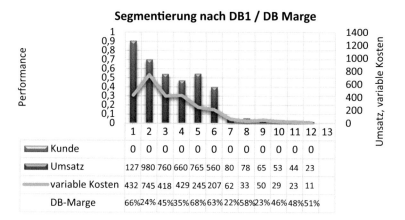

	1	2	3	4	5	6	7	8	9	10	11	12	13
Kunde	0	0	0	0	0	0	0	0	0	0	0	0	
Umsatz	127	980	760	660	765	560	80	78	65	53	44	23	
variable Kosten	432	745	418	429	245	207	62	33	50	29	23	11	
DB-Marge		66%	24%	45%	35%	68%	63%	22%	58%	23%	46%	48%	51%

In dieser Darstellung haben wir bereits wesentlich bessere Informationen über die Kundenperformance, die uns die Segmentierung der Kunden und die nachfolgende Aktionsplanung für die Großkundenbearbeitung erleichtert.

Als Zielgröße habe ich hier die DB Marge verwendet.

$$DBMarge = \frac{Deckungsbeitrag}{Umsatz}$$

Die DB Marge ist also von verschiedenen Faktoren abhängig:

- Welche Produkte werden verkauft
- Wie hoch ist die kundenindividuelle Erlösschmälerung (Rabatt)

Nun interessiert mich ein Szenario:

Wie verändert sich die durchschnittliche DB Marge des Unternehmens, wenn es gelingt, die DB Marge von Kunde 2 von aktuell 24 % auf den Sollwert 30 % und die DB Marge von Kunde 4 auf einen Sollwert von 45 % zu verändern.

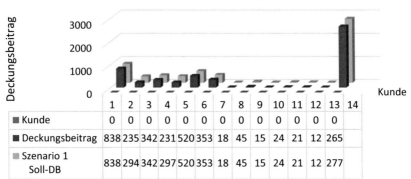

	1	2	3	4	5	6	7	8	9	10	11	12	13	14
■ Kunde	0	0	0	0	0	0	0	0	0	0	0	0	0	
■ Deckungsbeitrag	838	235	342	231	520	353	18	45	15	24	21	12	265	
■ Szenario 1 Soll-DB	838	294	342	297	520	353	18	45	15	24	21	12	277	

Der kumulierte Deckungsbeitrag des Unternehmens verändert sich in diesem Szenario um 4,7 %.

Genau dies ist Key Account Management. Entwicklungsansätze für den Lieferanten und den Kunden identifizieren, akquirieren und in eine „Sales-Opportunity" zu transferieren und zu konvertieren.

Wenn wir uns also im gegenwärtigen Verkaufsmanagement Gedanken um „Key Performance Indikatoren" machen, so sehe ich in dieser Kennzahl das Potential zu einem „Key Performance Indikator".

Deckungsbeitrag 2 = DB 1 − kundenspezifische Gemeinkosten

Der Deckungsbeitrag 2 ist der erste wirkliche Performance Indikator für die realistische Segmentierung von Bestandskunden. Diese Kennzahl beinhaltet also die Fragestellung nach der „Aufwendigkeit der Kundenbearbeitung". Kundenspezifische Gemeinkosten könnten sein:

- Planung und technische Zeichnungen
- Zeit zwischen Angebot und Auftrag
- Kundenspezifische Spezifikationen
- Schulungen und technischer Support
- Individuelle Logistikanforderungen
- Lagerhaltungskosten
- U.a.

Auch hier sehen wir eine weitere Differenzierung.

Wir halten also fest, dass die Kunden, mit dem größten Umsatz nicht notwendiger Weise die A-Kunden nach Segmetierungskriterium Deckungsbeitrag 1 oder 2 und der DB Marge sein müssen. Eine falsche Entscheidung führt zu einen falschen Einsatz von Ressourcen. Die Gesamtperformance des Unternehmens wird sich damit nicht verändern.

5.2 Segmentierung nach Potential

Die Betrachtung der Segmentierung nach Potential scheint mir sehr attraktiv. Die zentrale Frage lautet also: „Welchen Gesamtbedarf hat der Kunde an der Warengruppe, dem Produkt, das ich liefere" und nicht, welchen Umsatz mache ich mit dem Kunden.

Das Potential eines Kunden ist also eine Teilmenge des Marktvolumens. Das Marktvolumen wird differenziert nach Branche, nach Produkt und nach Kunde, bzw. Kundenbetreuer.

Die Literatur spricht an dieser Stelle häufig über „Marketingforschung". Einige Dinge stehen nicht im Internet oder im Branchenverzeichnis, sondern sind Gegenstand von Fragen im Kundengespräch. Der Mitarbeiter im Vertriebsaußendienst ist somit immer auch ein Marketingforscher, denn es erfolgt eine direkte Interaktion mit dem Kunden, dem Lead. Es sollte also auch in der strategischen Vertriebsplanung Konzentration auf Informationssammlung gelegt werden.

Wenn man das Potential, welches wir uns oben auch schon in einer Formel, als Potentialausschöpfungsgrad angesehen haben, noch weiter differenziert, wird man auch ein Cross-Selling-Potential identifizieren können.

Verbunden mit der Fragestellung, welchen Deckungsbeitrag, bzw. DB-Marge Produkte haben, die ich beim A-Kunden noch nicht verkauft habe, entsteht wiederum eine Opportunity, die es zu entwickeln gilt.

$$Cross\ Selling\ Index = \frac{aktuell\ verkaufte\ Produkte\ beim\ A\ Kunden}{gesamtes\ Produktangebot}$$

Ein kleines Beispiel:

$$Cross\ Selling\ Index = \frac{3}{10}$$

Ich habe aktuell 3 von 10 Produkten an meinen A-Kunden verkauft.

- Welche 7 weitere Produkte habe ich noch im Portfolio?
- Habe ich diese Produkte angesprochen?
- Gibt es einen Bedarf?
- Von welchem Lieferanten wird der Bedarf aktuell bedient?
- Wo sind meine Stärken gegenüber diesem direkten Wettbewerber?

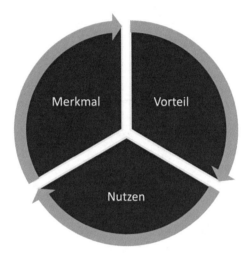

Abbildung: MVN-Methode im Verkauf und Key Account Management

Eine weitere Potentialart wird im „Up-Selling" identifiziert. Ein „Up-Selling" ist sicherlich in jedem Unternehmen und bei jedem Angebot differenziert zu betrachten.

Beispiel: Als Hersteller von Kabelbindern beliefere ich die deutschen Automobilbauer.

Merkmal:

- Produkt als leichtem, 100 % recyceltem Kunststoff
- UV-Beständigkeit
- Säure- und Ölbeständigkeit
- Hohe Druckbelastung
- Leichte Verarbeitung

Vorteil:

• Logistik und Jit-Optimierung
• Langlebigkeit
• Resistenz

Nutzen:

• Optimierung der Co2-Bilanz
• Keine Brüche, keine Porosität bei Sonneneinstrahlung
• Geringe Ausfallrate
• Schwingungen und Vibrationen geeignet
• Prozess- und Kostenreduktion

Für den Key Account Manager endet die Kundenbetreuung also nicht mit dem Auftrag oder dem revolvierenden Umsatz, sondern beinhaltet die kontinuierliche Optimierung im Kundenbearbeitungsprozess. Oftmals ist die Durchlaufzeit für ein Produkt für Ihrer Kunden eine wichtige Kennzahl für die betriebliche Effizienz. Schauen Sie sich immer mal wieder an, wie Ihr Produkt verarbeitet wird. Vor- und nachgelagerte Produktionsprozesse können und werden die Anwendung und die Verarbeitung Ihres Produktes beeinflussen. Reduzieren Sie die Montage- und Produktionszeit um 1 Sekunde, multiplizieren Sie dies mit der gesamten Abnahme- und Produktionsmenge und kommunizieren Sie dies wiederum als „additiven Nutzen" im Kundenlebenszyklus. Der Hersteller von Kabelbindern verkauf ein Produkt, welches in Art und Güte sich kaum von anderen Kabelbindern unterscheiden mag. Ein Produkt, dessen Zielpreis im Cent-Bereich ist. Dieser Lieferant bietet aber Lösungsansätze an, die dem Kunden einen „additiven Nutzen" bieten. Das führt zum Auftrag, zur Kundenzufriedenheit und zum Kundennutzen.

Up-Selling-Merkmale könnten bei einer IT-Dienstleistung z. B. Wartungsverträge sein. Die durchschnittliche Dauer der Vertragsbindung ist ein Key Performance Indikator. Sind es 18 Monate oder 36 Monate?

$$Up\ Selling\ Index = \frac{Up\ Selling\ Merkmale}{Gesamtumsatz}$$

Wird diese Kennzahl größer, gelingt es mehr in Richtung Up-Selling zu verkaufen.

5.3   Kundenwert und Customer lifetime value

In einem Seminar fragte mich einmal ein ambitionierter Marketingmitarbeiter, wie man den Gesamtwert des Kunden berechnen würde. Ja, es gibt einen Gesamtwert, der von den folgenden Faktoren abhängig ist.

- Welche Produkte kauft der Kunde in der Gegenwart
- Welchen Deckungsbeitrag, bzw. welche DB-Marge hat der Kunde
- Wie lange ist die durchschnittliche Kundenbindung
- Wir stark bemüht sich der Wettbewerb um diesem Kunden (Risiko, Threat)
- Wie stellt sich die aktuelle und zukünftige wirtschaftliche Situation des Kunden dar (Risiko oder Chance)
- Welche Potentiale werde ich in welcher Priorität akquirieren (Chance, Opportunity)
- Kennt der Kunde den Gesamtumfang meines Angebotes (Chance, Opportunity)

Die nachfolgende Formel ist ähnlich, wie der Net Present Value, NPV, die Kapitalwertmethode, Co und Projektfinanzierung.

$$CLV = \sum DCF - Io$$

CLV = Customer lifetime value

DCF = discontierter Cash Flow

Discontierungssatz ergibt sich aus den Renditeanforderungen des/der Anteilseigner und dem Zinsniveau am Kapitalmarkt

Io = Investition in den Kunden vor der ersten Auftragserteilung (Marketing und Vertrieb)

Diese Formel beinhaltet auch die durchschnittliche Kundenbindung.

Ich denke nicht, dass es großen Sinn macht oder die Motivation der Mitarbeiter steigert, wenn ich mir das gesamte Potential, oder den „theoretischen Wert" des Kunden anschaue. Der Kundenwert wird immer auch durch psychologische Faktoren bestimmt, die wie einfach nicht beeinflussen können.

Wichtiger erachte ich die Notwendigkeit 1 oder 2 Produkte mit hohem relativen Deckungsbeitrag und einem hohen KUNDEN-Potential zu erarbeiten und diese gezielt zu akquirieren.

Das Veränderungspotential zu identifizieren und zu bearbeiten ist essentiell. In der nächsten Periode werden es 2 weitere Produkte sein und so weiter.

Mit einem abschließendem Blick auf die CLV-Formel heißt dies, dass das Volumen aus dem DCF zunehmen sollte und die primären Investitionen unverändert bleiben. Damit hat unser Tun im Vertrieb, insbesondere im Key Account Management einen optimalen Einfluss (Impact) auf das betriebswirtschaftliche Ergebnis.

Die Kundensegmentierung erfolgt meist über einfach verfügbare Daten, wie bestehende Umsätze pro Kunde. Das ist die Grundlage für eine verkaufsorientierte Verwaltung und nicht für ein poaktives Vertriebs- und Key Account Management.

Die Aussage von Kennzahlen und KPI´s wird oftmals unterschätzt. Eine KPI hat signifikanten Einfluss auf die „Gesundheit des Unternehmens". Die Gesundheit ist in der Betriebswirtschaft maßgeblich definiert durch 2 finanzwirtschaftliche Kennzahlen:

- $Umsatzrentabilität = \frac{Gewinn}{Umsatz}$
- $Kapitalumschlag = \frac{Umsatz}{Bilanzsumme}$
- $Return on Investment = Kapitalumschlag * Umsatzrentabilität$

Diese Formel wurde vor gut 100 Jahren von dem Unternehmen DuPont de Nemours „erfunden". Wenn man heute also über ROI spricht, sollte man nur die o.g. Formel im Kopf haben.

In der deutschen Sprache schleichen sich schon mal andere Arten von „Return" ein:

- Return on Marketing Investment – das sollte man bitte nicht ROI nennen.
- Return on Akquisition
- Return on Marketing Campaign
- u. a.

Ein entscheidender Unterschied zwischen der Kennzahl ROI und den o.g. Marketing-Kennzahlen ist, dass der ROI auf Basis von Vollkosten und die anderen Kennzahlen auf Teilkostenbasis kalkuliert werden.

Da der ROI und deren Bestandteile zentrale Bedeutung für den Erfolg des Vertriebs und des Unternehmens haben, möchte ich noch kurz auf die Zusammenhänge hinweisen:

$$Umsatzrentabilität = \frac{Gewinn}{Umsatz}$$

$$Umsatzrentabilität = \frac{(Bruttopreis * (1 - Erlässchmälerung)) * Absatzmenge - \sum Kosten}{Umsatz}$$

Ich habe in der o.g. Formel den Faktor „Erlösschmälerung" integriert. Umgangssprachlich handelt es sich hier um Rabatte. Der Umgang mit Rabatten im Vertrieb und insbesondere im Key Account Management, sowie die Verhandlungsstärke der Mitarbeiter ist wichtig im ROI-Management des Vertriebs.

Das Marketing macht sich auch immer Gedanken um „Reichweite". Die Reichweite in meinem privaten Netzwerk (Kontakte ersten Grades) ist meist nicht ausreichend, da es < 1000 Kontakte sind. Um dies zu optimieren, arbeitet LinkedIn auch mit Hashtags #keyaccountmanagement, oder Gruppen, die nach regionalen oder fachlichen Kriterien differenziert sind.

Bei der zentralen Fragestellung des Kundenlebenswertes, geht es neben den oben beschriebenen finanzwirtschaftlichen Kennzahlen auch immer um die Frage, wie es mir persönlich, als Verkäufer und Großkundenbetreuer gelingt, Vertrauen zu erhalten und innerbetriebliche Verbesserungsprozesse zu integrieren, um den Kunden weiterhin zufrieden zu stellen und an mich (persönlich), das Unternehmen und das Waren- und Dienstleistungsangebot zu binden.

Zusammenfassung:
Die Entwicklung der Vertriebsaktivitäten, die Effizienz der gesamten Vertriebsabteilung ist sicherlich ein ständiges Ziel. Oftmals ist die Zielsetzung allerdings mit „mach mal 5 % mehr, als im letzten Jahr" umschrieben. Ziele, insbesondere Vertriebsziele sollten smart sein und „bottom up" realisiert werden. Keiner kennt Ihren Großkunden besser, als Sie. Daher sollten Sie das Potential ermitteln und eine Strategie, um additive Absätze bei Ihrem Großkunden zu akquirieren und zu realisieren.

Sales Development

6

Zusammenfassung

Das Thema Business Development und Sales Development klingen ähnlich und sollten auch sehr ähnlich sein. Es gibt auch in dieser betrieblichen Teildisziplin sogenannte „große und kleine Entwicklungsschritte". Es beginnt bei der Forderung der Anteilseigner, dass die Rendite für die monetäre Einlage steigen sollte. Ein Vergleich, ein Benchmark mit einem renditestarken Wettbewerber ist erfolgt und man hat erkannt, dass „noch Luft nach oben ist".

Der Managementprozess, der auf diese Erkenntnis folgt, wird meist nicht konsequent in den betrieblichen Bereichen und Abteilungen umgesetzt. In allen betrieblichen Teilbereichen kann man die Effizienz erhöhen. Die Zielvorgaben gelten nicht nur für den Verkauf, sondern auch für alle anderen betrieblichen Teilbereiche.

6.1 Entwicklungsmatrix

In meinen Seminaren, insbesondere an der Hochschule, werde ich schon mal gefragt, ob ein Modell, welches schon seit Jahrzehnten in der Wirtschaft bekannt ist und diskutiert wird, noch aktuell sei und ob man es noch verwenden könne. Meine Antwort darauf lautet: „Wenn Sie etwas Besseres haben, dann nehmen wir gerne das".

Das nachfolgende Modell ist aus dem Jahre 1967 und wurde von einem russischen Wissenschaftler, Ansoff, entwickelt.

Zusammenfassung:
In diesem Kapitel erfahren Sie, welche Handlungsfelder das Großkundenmanagement definiert, welche Arten von Kunden,- bzw. Leads segmentiert
werden und wie Sie einen Mehrwert für den Kunden generieren können.

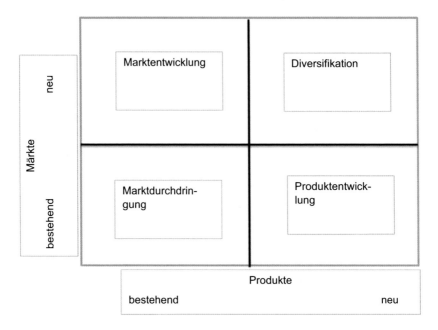

Es handelt sich also um eine 4-Feld-Matrix, bei der die vertikale Achse in
bestehende und neue Märkte und die horizontale Achse in bestehende und neue
Produkte untergliedert ist.
    Beginnen wir einmal mit dem unteren linken Quadranten:

Marktdurchdringung
- Wie viele von 18.000 Apotheken in Deutschland beliefere ich aktuell mit
  meinen Produkten (Push-Strategie).
- Wie kann ich die Potentiale der Apotheken erarbeiten und wie kann ich die
  Verkaufsmenge erhöhen (Push-Strategie)
- Wie stellt sich der Wettbewerb auf der Verkaufsfläche dar? (Pull-Strategie)
- Wie ist mein eigenes Preis-Leistungsverhältnis im Vergleich zum Wettbewerb
  (Pull-Strategie)

- Wie ist die Konsumenten-Wahrnehmung in Bezug auf Preis- und Leistung und wie kann ich diese beeinflussen, z. B. durch Vergleichstests wie Stiftung Warentest oder Empfehlungsmarketing (Pull-Strategie)

Produktentwicklung

- Im Handelsunternehmen eng mit dem Thema „Category Management" verbunden. In meiner Jugendzeit gab es von Kölln Flocken „die Kernigen" und „zarte Flocken". Wenn ich heute vor den Cerealien stehe, sehe ich erheblich mehr Produkte von diesem Anbieter. Unter anderem auch vegane Milch.
- Die Effizienz der Aufwendungen für Forschung und Entwicklung (Effizienz) erachte ich als wichtige Kennzahl. Die Entwicklung sollte von Markt gesteuert sein. Die Integration des Kunden, der Zielgruppe von einem frühen Stadium der Produktentwicklung st dabei wichtiger Bestandteil.
- Ab welchem Zeitpunkt werden Produkte vom Markt genommen und durch neue ersetzt, um die Produktionskapazitäten auf neue, innovative Produkte zu bündeln?
- Differenzierte oder undifferenzierte Produkte nach Marktsegment oder Landesmarkt.

Marktentwicklung

- Export in intra-EU-Länder
- Export in extra-EU-Länder
- SWOT-Analyse und Nutzenbetrachtung
- Möglichkeiten der Einflussnahme der aktiven Marktbearbeitung
- Diversifikation
- Als Hersteller von hochwertigen Passagier- und Cargo-Flugzeugen können Sie auch mit Dienstleistungen diversifizieren, indem Sie die Ausbildung der Piloten und/oder des technischen Personals übernehmen.

Wie so oft in der betriebswirtschaftlichen Realsituation gibt es nicht eine „Best Practise Landkarte", die man wie ein Blue Print abarbeiten kann und die Erfolge stellen sich dann fast automatisch ein. Notwendig scheint es mir, dass man den Markt, die Entwicklung, die Bedarfe der Key Customer und den aktuellen und aufstrebenden Wettbewerb im Auge behält, um strategische Chancen zu erkennen und zu ergreifen.

Internationales Key Account Management

7

Zusammenfassung

Im internationalen Bereich ist schon mal ein wenig aufwendiger, Zielgruppen, Projekte und Kunden nachhaltig zu akquirieren und zu betreuen. In diesem Kapitel differenziere ich nach direkten und indirekten Vertriebsstrukturen. In beiden Fällen ist die Frage des aktiven Ressourceneinsatzes. Ein Land, ein Markt, ein Kunde wird sich nur nachhaltig verändern, wenn ich für einen aktiven Ressourceneinsatz sorge. Im Vertrieb ist die wichtigste Ressource die Zeit.

Im internationalen Management gibt es so viele recht philosophische Überlegungen, die rund um das Thema „interkulturelles Maagement" streuen. Ein Vertriebsmanager sollte eine gewisse soziale Kompetenz haben, sonst wäre er, sie, oder es nicht erfolgreich im Umgang mit Kunden, Großkunden und internationalen Zielgruppen. Mit seriösem, zielgerichtetem und vertrauensvollem Umgang werden Sie mit internationalen Kunden genauso gut umgehen können, wie mit nationalen Zielgruppen.

Im Auf- und Ausbau neuer Märkte bedarf es schon mal einem langen Atem. In dieser Situation ist „geben Seeliger, als Nehmen". Dies soll bedeuten, dass sich der Hersteller, der Lieferant schon mal, wegen seiner Größe, im Verhältnis zu der meist kleineren und wirtschaftlich unbedeutenderen Partnergesellschaft, für das „einzig wichtige Element" in der Zusammenarbeit sieht. „Ich gebe Dir meine Marke und der Rest ist ein Kinderspiel". Ganz so wird es sicher nicht zu realisieren sein. Ihre Supportqualität (sozial und fachlich) wird entscheidenden Einfluss auf die Entwicklung der Beziehung und damit auch auf die Entwicklung von Umsatz und Absatz haben.

R. Capone, *Key Account Management, kompakt,*
https://doi.org/10.1007/978-3-658-42922-5_7

Sie, als Hersteller, müssen den Markt, die Besonderheiten und die Art des Vertriebs in den jeweiligen Ländern verstehen und den Partner Schritt für Schritt befähigen, den Markt kompetent zu bearbeiten und Ihre Marke zu repräsentieren. Wenn Sie in den jeweiligen Zielmärkten unterwegs sind, nutzen Sie die Zeit, um Kontakte zu machen. Die Kontakte werden meist in nationaler Sprache realisiert. Der zuständige Key Account Manager (Hersteller) muss nicht alle Einzelheiten des Gesprächs verstehen. Viel wichtiger ist, dass sich der Vertriebspartner und der Kunden oder der Lead in Ihrer Muttersprache unterhalten können. Ihre Funktion, ihre Rolle dabei ist ein Backup in technischer und wirtschaftlicher Hinsicht. Verarbeiten Sie diese Informationen auch in ein Lessons Learned, wenn Sie abends noch bei einem Kaltgetränk sitzen und den Tag rekapitulieren.

Versuchen Sie, die Ressourcenplanung für Ihre internationalen Aktivitäten so zu planen, dass es effizient ist, z. B. eine Rundreise durch benachbarte Länder Österreich, Ungarn, Slowakei, Rumänien. Ihre Geschäftsführung wird das nicht immer kontrollieren, aber es geht hier um IHRE Ressourcen und das ist der klare Engpass im nationalen, wie internationalen Vertrieb.

Der Handelspartner wird es schätzen, wenn dieser auch mit Schulungen zum Hauptquartier eingeladen wird, um andere Ansprechpartner kennenzulernen und weitere Informationen über Produkte und Möglichkeiten zu erfahren. Die finanzielle Seite, also wer zahlt welchen Anteil, sollte auf Basis individueller Vereinbarungen erfolgen. So sagt mir zum Beispiel einer meiner Kunden, dass die Anreise auf Kosten des internationalen Partners geht, ab dem Gate aber alle weiteren Kosten vom Hersteller übernommen werden.

Meine ideale Reihenfolge wäre, erst mit dem Markt und der aktiven Marktbearbeitung beginnen, Erfahrungen sammeln, Fehler und „frequently asked questions" notieren und im zweiten Schritt über Produkte und Produktwissen zu sprechen.

Der dritte Schritt wäre dann ein Benchmark von KPI´s, wie z. B. die Angebotserfolgsquote. Weicht diese signifikant von der nationalen KPI ab, sollten „Lessons Learned" eingearbeitet werden, um den Markt und den Vertriebspartner zu supporten.

7.1 Direktinvestitionen oder indirekter Vertrieb

Grundsätzlich sollte sich behaupten lassen, dass je höher das direkte Investment in einen Absatzmarkt ist, desto besser und nachhaltiger kann man diesen **a-k-t-i-v** managen. Das aktive Management des Marktes ist im internationalen Vertrieb eines der Schüsselthemen.

7.1.1 Nutzenanalyse für Direktinvestitionen

Ich möchte diesen Punkt ein wenig offener gestalten und es „Nutzenanalyse, Scoring oder Rating für Auslandsmärkte" im Allgemeinen nennen. Deutschland hat ein relativ hohes Preisniveau. Das kann daran liegen, dass das Produkt zum großen Teil in Deutschland gefertigt wird. Dies sollte und darf aber keine Entschuldigung dafür sein, dass wir unsere Produkte nicht auch im internationalen Bereich sehr erfolgreich vermarkten können. Das Unternehmen Miele, mit einer Wertschöpfung >90 % in Deutschland, bietet Premiumprodukte zu Premiumpreisen an. Miele bedient dabei nicht nur den B2C, sondern auch den B2B Markt mit sehr gutem Erfolg. Es geht also durchaus.

Es könnte nun der Einwand kommen, dass Ihre Produkte oder Dienstleistungen sehr preissensitiv sind. Ja, das kann sein. In der betriebswirtschaftlichen Literatur wird in diesem Zusammenhang von „Kaufkraftparitäten" oder „purchasing power parity" gesprochen. Suchen Sie sich also im ersten Schritt jene Ländermärkte aus, die tendenziell einen höheren Preis haben, als Deutschland, die Benelux-Länder, Skandinavien, Kanada oder andere.

Im B2B-Bereich ist die preisliche Basis oftmals nicht das einige Kriterium. Qualität, Langlebigkeit und „Made in Germany" haben immer noch ein großes internationales Ansehen. Taktzyklen und avisierte Durchlaufzeiten im Maschinenbau, ähnlich wie die gesamten Kosten der Anlagennutzung „Total Cost of Ownership".

Es wird immer die Frage bleiben, was zuerst ist, das Huhn, oder das Ei. Ich würde mit der Nutzenanalyse pro Markt beginnen und dann schrittweise mein Produkt (weitgehend undifferenziert) zu einem landesspezifischen, branchen- und zielgruppenorientierten Produkt differenzieren. Hier wird ein Benchmark (Preis und technische Features) mit dem nationalen und lokalen Wettbewerb wichtig sein. Die Lessons Learned laufen in das Produktmanagement ein, diese führen zu einer Differenzierung und weiteren Vorteilen im Vergleich mit dem nationalen Wettbewerb und werden unsere Verkaufserfolge optimieren. Dies ist ein nachhaltiger Ansatz von „Kontinuierlichen Verbesserungsprozessen" im internationalen Vertrieb.

Im Qualitätsmanagement sagt man: „Was ich nicht messen kann, kann ich nicht bewerten". Das Management, insbesondere auch im Key Account Management, dem Vertrieb und Marketing ist es wichtig, eine Entscheidung auf einer nachvollziehbaren Grundlage zu erarbeiten. Die Betriebswirtschaft ist keine Wissenschaft, wie die Biologie oder die Medizin, sondern beruht auf der Basis, dass Entscheidungen und Aktionen nachvollziehbar sind. Es ist also unsere

Aufgabe, eine Systematik zu erarbeiten, mit der wir diese Nachvollziehbarkeit realisieren können. Irgendwann wird mich jemand fragen: „Roberto, warum bist Du mit dem Vertrieb in die Slowakei gegangen und nicht nach…". Darauf sollte ich dann eine passende Antwort haben.

Ein kurzes Wort noch zum Preis und dem internationalen Preisniveau. Es scheint häufig zu einfach gedacht, wenn das Produkt einen internationalen undifferenzierten Preis hat. Ich würde aber durchaus, je nach Kapazität des Herstellers im Bezug auf Marketingforschung und preislicher, bzw. kostenorientierter Flexibilität, mit einem undifferenzierten Preis beginnen und dann die „Lessons Learned" aus der Angebotsquote in meinen Optimierungsansatz integrieren. Die Angebotswährung kann im ersten Schritt auch durchaus der Euro sein, um die Risiken einer Währungsschwankung nicht in vollem Umfang auf den Hersteller zu übertragen.

Für eine Nutzenanalyse könnten die folgenden Gedanken sinnvoll sein:

1. Monetärer Nutzen

Ansatzschätzung
Umsatzschätzung
Deckungsbeitragsschätzung (%)
Deckungsbeitragsschätzung (Volumen)

2. Nicht-monetärer Nutzen

Marktbedingungen (Absatz)
Wettbewerbssituation
Marktkenntnis Partner
Repräsentanz Niveau Partner

Um es einfach und lean zu halten, möchte ich mit diesen 2 Kategorien und jeweils 4 Unterkategorien gut sein lassen.

Monetärer Nutzen	Score:
Absatz	10
Umsatz	8
DB %	8
DB Volumen	10
Nicht-monetärer Nutzen	
Marktbedingungen	5
Wettbewerbssituation	7
Marktkenntnis	10
Repräsentanz	10
Summe:	68

Ich habe in diesem Beispiele eine Skala von 1–10 gewählt. 10 repräsentiert einen sehr guten, 1 einen sehr schlechten Wert.

Nun ist mein Landes-Score 68. Die Geschäftsführung wird mich nun fragen, was bedeutet dies?

A	B	C
80-60	59-40	< 40

Diese Tabelle zeigt, was mein Scoring bedeuten kann: Auf einer Skala von 8–80 (im Gesamtscore) liegt meine Länderbetrachtung mit einem Score von 68 im A-Segment, d. h. dass ein großes Interesse besteht, in diesem Land aktiv zu werden.

Faktoren, wie die politische Situation, Infrastruktur, tarifäre und nicht-tarifäre Handelshemmnisse, Korruption, Währungsrisiken u. a. sind in dieser Betrachtung nicht beinhaltet, sind aber ebenfalls wichtig zu diskutieren. Sie würden in einer Tabelle, wie der obigen also ein Scoring von Ländermärkten vornehmen, um gegenüber Ihren Mitarbeitern und Ihrer Geschäftsführung, den Anteilseignern einen nachvollziehbaren Ansatz zu haben, der Ihre Entscheidung untermauert.

Es gab mal eine Zeit im Management, in der man von einem „Bauchgefühl" gesprochen hat und Entscheidungen stark subjektiv beeinflusst waren. Diese Zeit ist hoffentlich vorbei. Ein solches Modell entsteht also im Team und das Team setzt sich für die Realisierung der Performance nach Land zuständig.

Bei aller Liebe zu „agilen Managementstrukturen" sollte es aber eine Person geben, die die Verantwortung für die Qualität von kundenorientierten Prozessen

trägt und diese Entscheidungen schlank innerbetrieblich moderiert. Der Ablauf-
prozess könnte also so aussehen:

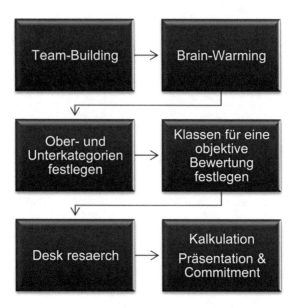

Einige Erklärungen zu dem oben dargestellten Ablaufdiagramm:

- Team Building: In innerbetrieblichen Team-Meetings wird häufig zu viel kost-
  bare Zeit (Ressourcen) unnötig vergeudet. Der schlanke Gedanke sollte auch
  hier Einzug halten. Zeiten bitte im Vorfeld festlegen.
- Brain warming, als Methode der Kreativitätstechnik. Ich favorisiere diese
  Methode, in der auf einen Zettel in 5 min individuell notiert wird, welche
  Kategorien in die Bewertung von Ländermärkten eingehen. Der große Vorteil
  ist, dass auch Damen und Herren, die nicht so extrovertiert sind gute und wertvolle Beiträge liefern, die wir sonst unter Umständen nicht erfahren hätten.
  Sammeln Sie diese Gedanken und clustern Sie diese.
- Ober- und Unterkategorien besprechen und festlegen. Die politische Situation
  eines Landes ist abhängig von….
- Klassen für eine objektive Bewertung erarbeiten. Ich habe hier eine Skala von
  1–10 verwendet. Wo ist der Mittelwert, was ist besser, was ist schlechter, als
  der Mittelwert.

- Statistische Jahrbücher oder auch der Fischer Weltalmanach helfen bei der Aufgabe des desk reaserch. Hier sollten einige Personen, nicht alle Teammitglieder, ins Feintuning gehen und objektive Werte erarbeiten.
- Diese Arbeit sollte dem Team dann in kurzer und schlanker Form präsentiert werden. Das Team sollte, wie man im angelsächsischen sagt, „commited" sein und demokratisch hinter der Entscheidung stehen.

Als kleine Hilfestellung in dieser Investitionsbetrachtung, kann auch das Modell von Porter's 5 forces eine Idee der Betrachungselemente liefern.

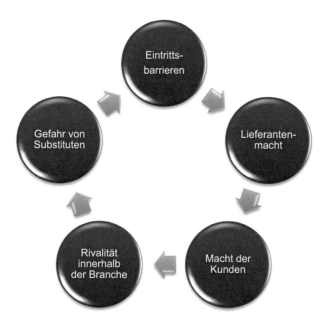

7.1.2 Direktinvestition

In der betrieblichen Außenwirtschaft bezeichnet man eine Direktinvestition als Investition in eine Niederlassung. Es handelt sich also um Aktiva (Grundstücke und Gebäude), die im Auslandsmarkt erstellt, gekauft oder gemietet werden, um mit Damen und Herren, die auf der eigenen Payroll stehen, den Markt aktiv zu bearbeiten. Die Tatsache, dass die Mitarbeiter angestellt sind, hat hier eine entscheidende Bedeutung, denn sie sind weisungsgebunden. Der internationale Vertriebsleiter kann also erwarten, dass die Prioritäten, die gemeinsam erarbeitet wurden auch schrittweise realisiert werden und die Vertriebsleitung, wie die Geschäftsführung über den Erfolg informiert wird. Es werden Besuchsberichte geschrieben, die eingesehen werden können und die Kontrolle über die Effizienz der Ressourcen besteht.

Die Direktinvestition der Muttergesellschaft in eine ausländische Tochtergesellschaft kann 100 % oder eine Teilmenge von 100 % sein. Je höher das Investment, desto größer ist der direkte Einfluss und die Unabhängigkeit.

Wie jede Organisation im Vertrieb sollte auch diese ausländische Tochtergesellschaft als Profit Center betrieben werden. Mit der Net Present Value-Methode, NPV oder der Methode der Kapitalwertbetrachtung, Co kann man der Geschäftsleitung die Planung (Business Plan) für die Auslandsgesellschaft visualisieren und realisieren. Bitte beachten Sie bei dieser Art von Planung immer auch, dass Sie an den Ergebnissen gemessen werden. Daher lieber ein Jahr länger bis zum Break-Even-Point kalkulieren, als die vereinbarten Ziele nicht zu erreichen. Die könnte die Geschäftsführung, Sie und die neue Niederlassung demotivieren und den Entwicklungsprozess gefährden.

7.1.3 Indirekter internationaler Vertrieb über Partnerunternehmen

Die Vorteile, die wir unter Direktinvestitionen erkannt haben, sind hier potentielle Nachteile. Eine direkte Steuerung der rechtlich und wirtschaftlich selbstständigen Partnerunternehmen erfolgt nicht über eine Weisungsgebundenheit. Es kann aber sehr gut über Vertrauen und einer guten persönlichen Beziehung funktionieren.

Eine gute persönliche Beziehung lässt sich aufbauen, wenn sich der Lieferant aktiv Gedanken über den Markteintritt, die Marktbearbeitung, die Zielbranchen und die Ziel-Kontakte macht. Es ist also intensiv und konsequent in dem Bereich des „Pull-Marketings" zu arbeiten. Bitte denken Sie bei der Bearbeitung der Märkte auch immer daran, dass Sie auch die „Aktiva" des Handelspartners beeinflussen. Es wird immer ein Zielkonflikt in den Bereichen

- Information über Kontakte, Qualität der Kontakte geben, denn der Handelspartner versucht seine „Aktiva" zu schützen.
- Einsatz von persönlichen und finanziellen Ressourcen, denn auch ihr Handelspartner hat bestehende Lieferantenkontakte, mit denen in der Gegenwart Umsatz und Marge erwirtschaftet wird. Nun kommen Sie, als neuer Lieferant

hinzu, die Quantität und Qualität der Ressourcen ändert sich aber nicht automatisch. Auch diese müssen Sie immer und immer wieder zielgerichtet akquirieren.

Sie sollten Ihren Partnern im internationalen Handel etwas mitbringen. Im Zeitalter der Compliance ist damit nicht eine Falsche Wein, oder eine Eintrittskarte zu Fußballspiel gemeint, sondern ein sogenannter „Marketingrucksack". In diesem „Rucksack" sollte sich ein Marketing- und Markteintrittskonzept befinden. Vereinfacht schaut man sich die wirtschaftliche Struktur in dem betrachteten Land an. Ähnelt sich die Branchenstruktur und unserer erfolgreichen branchen- und zielgruppenbezogenen Arbeit auf nationaler Ebene? Die folgenden Institutionen können dabei unterstützend wirken:

- Industrie- und Handelskammer, IHK
- Auslandshandelskammer, AHK
- Wirtschaftskammer Österreich, WKO
- Verbände, Branchenverbände
- Botschaft im Zielland
- u. a.

In meiner Vergangenheit hat mir die Wirtschaftskammer aus Österreich einen wirklich guten Support im Markteintritt für Mittel- und Osteuropa geliefert. Der Informationsprozess war wie folgt:

- Identifikation von Zielbranchen (desk research)
- Identifikation von Most wanted customers (desk research)
- Identifikation von Ansprechpartnern (desk research)
- Kontaktaufnahme durch die Partner (desk research)
- Terminvereinbarung durch die Partner (desk research)
- Tandembesuche Partner und Lieferant stellen sich, die Produkte und Dienstleistungen und das Unternehmen vor, eruieren Bedarfe und Möglichkeiten zur Zusammenarbeit (field research)
- Weiterverfolgung der Kontakte, Angebote, Opportunities und mehr

Diesen Informations- und Supportprozess bezeichne ich hier als „Marketingrucksack".

Ein erfolgreicher Markteintritt muss nicht immer so wahnsinnig kompliziert und langwierig sein. Im B2B-Bereich muss man diesen Prozess aber aktiv managen. Die Aufgabe und die Anforderung an die Führungskräfte ist also hoch.

Mit einer hohen Anforderung ist auch eine hohe zeitliche Ressourcenallokation notwendig. Mit einem Partnervertrag in Ihrem Zielmarkt ist der Markt noch in kleinster Weise bearbeitet.

Dieser Marketing- und Supportprozess wird Ihren Vertriebspartner motivieren, denn dieser wird erkennen, dass Ihr Produkt, Ihr Unternehmen und Sie selbst zuverlässig sind, dass es wertvolle Referenzen aus den Zielbranchen gibt und wird im Verkaufsgespräch „befähigt". Dies ist ein Learning on-the-job. Anders wird es nicht gehen. Ihr Partner muss das Gefühl haben, dass Sie sich aktiv mit dem Absatzmarkt beschäftigen und Ihre Partnerschaft supporten.

Wenn man die gegenwärtige Veränderungstendenzen der Führungsstile berücksichtigt, wird sich das Management von Auslandsgesellschaften, ganz gleich, ob es sich um freie Partnerunternehmen oder Niederlassungen handelt, angleichen. Die entscheidende Frage im internationalen Key Account Management lautet: Wer ist verantwortlich für die Planung? Hier kann die Antwort nur lauten, dass die Planung kooperativ (management by objectives) realisiert werden soll. Bei der Realisierung ist die Muttergesellschaft ebenso verantwortlich, wie die Auslandsgesellschaft. Auch hier ist das Management und die Zielerreichungsstrategie eng mit dem PDCA-Zyklus von Deming zu verbinden, sonst verläuft das Jahr, ohne relevante Kundenkontakte, ohne Opportunities und ohne Aufträge und Umsätze.

Der Lieferant wünscht sich natürlich immer einen aktiven Akquise- und Verkaufsprozess. Coachen Sie diesen Vorgang. Was wird aktiv getan, um Ihre Marke, Ihre Produkte, Ihr Angebot zu promoten (Vertrieb und Marketing) und bringen Sie sich immer selbst mit ein, z. B. mit den o.g. Tandembesuchen im Zielmarkt. Wenn Sie das Land gemeinsam bereisen, werden Sie Ihren Partner kennen- und schätzen lernen und umgekehrt. Die Basis der Zusammenarbeit beruht dann mehr auf Verbundenheit, statt auf Gebundenheit z. B. durch Verträge.

Vereinbaren Sie kleine und realistische Ziele und halten Sie sich vertraglich immer ein Hintertürchen auf, um den Markt und die Kontrolle über den Markt nicht gänzlich zu verlieren.

7.1.4   Kaizen im internationalen Vertriebsmanagement

Der Engpass im Vertrieb sind die Humanressourcen. Nachdem Sie eine Evaluierung der interessanten Märkte vorgenommen und Prioritäten gebildet haben, sollten Sie persönlich den Markt sondieren oder screenen. Eine Pre-Entry-Strategie sollte Sie erkennen lassen, ob es potentielle Großkunden mit realen Opportunities gibt. Eine gute Möglichkeit wäre eine nationale Messe zu besuchen, als Co-Aussteller, ggf. gemeinsam mit Ihrem nationalen Partner mit einer fairen Kostenaufteilung, um ein Gespür für die nationalen Gegebenheiten zu bekommen. Nun sollte, wenn dieser Teilprozess positiv verlaufen ist, eine Investitionsentscheidung folgen.

Wir investieren in diesen Markt.

Nun ist der Vertrieb, insbesondere das Key Account Management von kurz- und mittelfristigen Erfolgen abhängig. Die erste, wichtigste und kurzfristig Umsatz- und Deckungsbeitrag versprechende Investition ist Zeit. Investieren Sie diese Zeit, gemeinsam mit Ihrem Partner in die aktive Akquisition von Kunden und Interessenten. Erarbeiten Sie wichtige Kontakte, generieren Sie Interessenten, schreiben Sie Angebote und spülen Sie etwas in den Sales Funnel. Wenn diese Art der direkten Kundenakquise gut funktioniert, arbeiten Sie weiter, in kleinen Schritten, kleinen Investments mit dem Ziel, das Land als Profit Center zu etablieren. Geht nicht gibt's nicht!

Viele Generalimporteure oder Großhandelsunternehmen haben nicht die Humanressourcen, um Ihre Produkte aktiv anzusprechen. Versuchen Sie diesen Engpass zu kontrollieren und zu managen. Wir haben uns zum Beispiel mit der Geschäftsführung eines unserer Handelsbetriebe darauf geeinigt, dass ein neuer Mitarbeiter, ein Key Account Manager angestellt wird und wir, die Hersteller einen Teil der Aufwendungen für Lohn und Gehalt übernehmen. Mit diesem Investment konnten wir die Ressource des Key Account Managers zu 50 % kontrollieren und erwarben uns damit auch die Wertschätzung des KAM´s und der Geschäftsführung, denn in dieser Zusammenarbeit profitierte jede beteiligte Gruppe.

In dieser „Politik der kleinen Schritte" halte ich es für wichtig Dinge zu tun und daraus Erfahrungen zu sammeln. Was war gut, was war weniger gut. Kam es zu Kundenkontakten (Quantität) waren diese Kontakte an unseren Waren und Dienstleistungen interessiert (Qualität) und ist dies eine Art der Marktbearbeitung, die wir in den kommenden Perioden wiederholen sollten. Einem gewissen Investment sollte also kurz- und mittelfristig Umsatz und Rendite folgen.

Dem Verkäufer macht der Verkauf nur Spaß, wenn er verkauft!

	Gegen-wart	Gegen-wart +1	Gegen-wart +2	Gegen-wart +3	Gegen-wart +4	Summe:
Investition Io	50.000					
Umsatz		15.000 €	45.000 €	90.000 €	160.000 €	310.000 €
Aufwendungen		9.000 €	27.000 €	54.000 €	96.000 €	186.000 €
Cash Flow		6.000 €	18.000 €	36.000 €	64.000 €	124.000 €
Diskontierung-zins	12%					
DCF		5.357 €	14.349 €	25.624 €	40.673 €	86.004 €
kumuliert DCF			19.707 €	45.331 €	86.004 €	

Dieses Bespiel könnte eine vereinfachte Darstellung für einen Business Plan darstellen. In der ersten Zeile sehen wir die Investition, eine „pre-market-entry" Investition. Diese kann aus Aufwendungen für Marketingforschung über externe Dienstleister oder Ihre Abteilung (Anteil der Ressourcen) entstehen. Die Anteilseigner hätten gerne einen Diskontierungssatz von 12 %. Dieser setzt sich aus dem aktuellen Zinsniveau am Geldmarkt + dem unternehmerischen Risiko zusammen. Das unternehmerischer Risiko variiert nach Branche und dem betrachteten Land. Den Cash Flow habe ich aus einer Subtraktion aus Einnahmen (Umsätze) und Aufwendungen gebildet. In Zeile 6 wird der Cash Flow mit dem Diskontierungssatz abgezinst (Beispiel für Gegenwart + 1: DFC = 6000 * 1,12^-1 → 5357,-).

In der letzten Zeile habe ich den DCF kumuliert, um zu sehen, in welcher Periode der „Break Even Point" erreicht wird. Wir sehen also, dass die Refinanzierung zu Beginn der 4. Periode eintritt.

$$Co = \sum DCF - Io$$

$$Co = 86.004 - 50.000$$

$$Co = 36.004$$

Soweit ist das keine allzu große Hexerei. Es gibt drei mögliche Ergebnisse:

Kapitalwert Co	Ergebnis / Strategiewahl
➤ 0	Investition wird voraussichtlich über der geforderten Mindestrendite von 12% liegen
= 0	Investition wird die Mindestrendite von 12% erreichen
< 0	Investition wird die Mindestverzinsung nicht erfüllen.

In der angelsächsischen Sprache wird diese Art der Investitionsrechnung mit Net Present Value, NPV bezeichnet. Ich sprach weiter oben von Business Planung. Bei mir beginnt die Business Planung immer mit Absatz nach Art. Preisniveau und Rabatte oder Handelsmargen bestimmen dann meinen Umsatz. Produkte und Warengruppen haben unterschiedlichen Deckungsbeitrag. Dies ist ebenfalls zu beachten. In der innerbetrieblichen Kosten- und Leistungsrechnung würde ich, als Landesverantwortlicher dafür sorgen wollen, dass sowohl die Aufwendungen pro Land, wie auch die Umsätze pro Land auf eine separate Kostenstelle laufen, um die Rentabilität nachhaltig zu tracken und ein Land als Profit Center zu deklarieren.

Strategische Orientierung im Key Account Management

8

Zusammenfassung

Das Großkundenmanagement hat erheblichen Einfluss auf langfristige Erfolge des Anbieters und des Nachfragers. Bei Strategie und strategischem Management denken wir oft an eine Gruppe von Anzugträgern, die um eine Whiteboard stehen und farbenfrohe Bilder malen. Dies sollte nicht so sein, wenn man den Kunden in den Fokus der betriebswirtschaftlichen Betrachtung stellt. Der KAM erfährt über seine Kontakte, den Ansprechpartnern im Buying Center, was gut und was weniger gut empfunden wurde. Diese Informationen definiere ich durchaus als „Marketingforschung". Der Key Account Manager hat also starken Einfluss auf die Strategie und den Erfolg des Unternehmens. Erfolg heißt in diesem Zusammenhang Rentabilität und nicht Absatz.

Als junger Produktmanager für erklärungsintensive technische Produkte hatte ich einmal ein denkwürdiges Gespräch mit dem Geschäftsführer. Ich sagte so etwas, wie: „Ja, das sehe ich auch als meine Aufgabe im strategischen Marketing an." Darauf schaute mich der Geschäftsführer, ein recht kleinwüchsiger Mann, sehr kritisch an und entgegnete: „Roberto, wenn hier jemand strategisch arbeitet, dann bin ich es". Das empfand ich als Tiefschlag, denn das Produktmanagement und das Marketing im Allgemeinen leistete hervorragende Arbeit. Wertschätzende Kommunikation stand früher zumindest nicht regelmäßig auf der Tagesordnung.

Aus der betriebswirtschaftlichen Theorie ist bekannt, dass operative und strategische Aufgaben gibt. Während operative Tätigkeiten meist das Tagesgeschäft betreffen, richten sich die strategischen Planungen und der strategische Ressourceneinsatz längerfristig aus. Wie lange die strategische Orientierung in die Zukunft gerichtet ist, liegt auch an der Dynamik des betrachteten Marktes. Diese Dynamik wird bestimmt von:

- Der Endkundenseite im Sinne von Bedarfsveränderungen
- Ihren Marketing-Push und Marketing-Pull-Aktivitäten
- Der Dynamik des Wettbewerbs
- Staatlichen Transferleistungen, wie Subventionen

Meiner Meinung nach sollte jeder betriebliche Arbeitsplatz sowohl über strategische, wie auch operative Aufgaben verfügen.

In der Realität sehen wir aber allzu oft, dass infolge einer operativen Überlastung keine Zeit für strategische Gedanken und strategische Ausrichtungen vorhanden ist.

Wenn eine der Unternehmensslogans lautet: „Wir wollen bis 2030 ein kundenzentriertes Unternehmen sein und unseren Marktanteil und die Rentabilität steigern", stellt sich für mich die Frage, was dies „heruntergebrochen" auf die betrieblichen Teilbereiche, die Abteilungen und die einzelnen Stellen bedeutet.

Die Begrifflichkeiten Vision, Mission und Strategie werden in der lang- und mittelfristigen Zielfindung oft gemeinsam benutzt.

Eine Vision ist ein wünschenswerter Zustand in der Zukunft. Microsoft hatte vor gar nicht allzu langer Zeit einmal die Vision, das in jedem Haushalt ein Computer stehen sollte.

Eine Mission, oder auch Purpose genannt, beschreibt den eigentlichen Daseinszweck eines Unternehmens. „Welche Herausforderungen stellt der Kunde, das Buying Center an uns und wir können wir auf diese Herausforderungen reagieren.

Die Strategie beschreibt hingegen den Weg, um die Mission besser zu realisieren und die Vision zu erreichen.

Mit dieser Umschreibung erkennt man also, dass sich jeder einzelne Mitarbeiter mit dieser Thematik beschäftigen sollte, denn die Qualität der Kundenprozesse führt letzten Endes zu dem sogenannten „unique selling proposition", bzw. „unique customer proposition".

Vision, Mission und Strategie sind häufig bei Wechsel der Unternehmensführung infrage gestellt und werden von signifikanten Veränderungen verwässert. Auch, oder gerade bei sehr potenten deutschen Unternehmen, wie die Mercedes Benz AG, gab es signifikante Veränderungen in der strategischen Ausrichtung seit Edzard Reuter. Damals sah sich der Automobilbauer noch als „multifunktionstechnologisches Unternehmen", mit Investments in EADS und AEG. Dann kam ein neuer CEO und damit eine neue Vision, Mission und

Strategie. Man erkannte, dass man durchaus gute und hochwertige Fahrzeuge bauen kann, in den USA aber vielleicht noch ein wenig unterrepräsentiert war. Der Zusammenschluss von Daimler und Chrysler wurde international auf allen Bühnen gefeiert. Strategisch war dies ein Super-Deal. Die Händlerorganisation von Chrysler in der USA und die Markenpräsenz von Mercedes weltweit zu kombinieren, war ein wirklich guter Gedanke. Wie wir heute wissen, hat dieses Vorhaben weder bei Mercedes noch bei BMW (und Rover) funktioniert. Meiner persönlichen Meinung nach, lag es an den Steuerungsfunktonen und der Markenwahrnehmung von beiden Herstellern. Es wird schwer werden, einem Mercedes-Verkäufer zu vermitteln, dass ein PT-Cruiser eine möglicherweise günstigere Variante eines Fortbewegungsmittels und damit eine echte Alternative zu einem Mercedes 190er darstellt.

Im automobilen Sektor in der Gegenwart eine Vision zu entwickeln, scheint gegenwärtig schwer bis unmöglich. Wo geht die Reise der Branche hin? Wird das Automobil der Zukunft ein Elektroantrieb haben? Wird die Reichweite und die Ladezeit an gewerbliche Kunden angepasst und optimiert werden können? Wie akquiriere ich die wirklich interessanten B2B-Kunden, die eine jährliche Laufleistung von > 50.000 km haben? Ein Automobil repräsentiert Unabhängigkeit. Dies beinhaltet auch einen raschen Lade- bzw. Tankzyklus. Time matters und Zeit kostet Geld. Wie ist die Regelung bzw. die Tendenz auf der sogenannten „letzten Meile"? Ist ein Roller, ein Klappfahrrad eine Alternative zum innerstädtischen automobilen Verkehr?

Die Welt verändert sich. In welche Richtung und mit welcher Intensität wissen wir nicht. Business Planung ist immer ein wenig, wie das Lesen einer Kristallkugel. Es kann richtig und gut interpretiert werden, kann aber auch völlig daneben liegen.

Das Unternehmen Cargolifter AG wurde von mir gefeiert, da ich von Technologie, Vision, Mission und Strategie begeistert war. Die Unternehmensgründung war im Jahre 1996, die Insolvenz bereits 2002. Derartige Entwicklungen sind immer ein wenig traurig. Für Sie, als Key Account Manager bedeutet diese Erfahrung aber auch, dass Kunden zu akquirieren sind und schrittweise kleine und auch mal größere Erfolge zu feiern sein sollten.

Als letztes Beispiel noch eins aus der Luftfahrt-Branche. Airbus hat mit der Entwicklung und der Realisierung des A380 fraglos weltweit Akzente gesetzt. Persönlich war ich ein wenig kritisch, bin aber eine Person, die nicht besonders „Flugaffin" ist. Mein Motto lautet immer: „Wenn sich etwas schneller bewegt, als ich laufen kann, muss ich am Steuer sitzen". Ich durfte dann einmal mit international aktiven Managern von Airbus sprechen. Diese informierten mich darüber, dass der ursprüngliche Plan für den A380-Einsatz eine Verbindung zwischen Mega-Cities sein sollte.

Das macht dann schon sehr großen Sinn. Die Vision war also deutlich, die Umsetzung hat leider nicht so funktioniert, wie sich der Konzern das vorgestellt hat.

Die traditionelle SWOT-Analyse auf Ebene des „Mako-Marketings" nimmt ebenfalls einen spannenden Anteil an der strategischen Ausrichtung eines Unternehmens ein. So hatte Nokia eine Vision, in der „smarte Mobiltelefone" keine, oder eine stark untergeordnete Rolle im gesamten mobilen Telefonmarkt spielen würden. Andere Unternehmen, wie Samsung oder Apple setzten stark auf diesen Bereich und sollten am Ende Recht behalten.

Ein Otto-Katalog lag damals in jeden Haushalt. Dann kam das Internet, Bestandskunden von Otto wurden auch Kunde bei amazon, Prime liefert gratis, informiert über Dinge, die noch im Wunschzettel sind und kommuniziert best practise über avisierte Lieferzeiten der bestellten Ware. Der Kunde ist (immer) bequem. Es war und ist leicht hier eine Bestellung zu platzieren. Der Markt veränderte sich und Otto war irgendwann nicht mehr einer der Spieler am Markt. Auch diese Entwicklung bedauere ich zutiefst.

Wie hätte man diese negative Entwicklung im Unternehmen aufhalten können?

Zunächst einmal fällt mir hier eine Marktbetrachtung ein. Das Kaufverhalten der Konsumenten im stationären Handel versus Online-Käufe. Die Entwicklung verläuft zunehmend in Richtung Internetkauf. Dies hätte man sehen können. Ein Unternehmen benötig so etwas, wie ein Frühwarnsystem, ein System, ähnlich der kleinen Bojen, die im Meer schwimmen und vor einem Tsunami warnen. Dies könnte eine Aufgabe des Marketings, der Marketingforschung sein. Nun sollte, eine „Quick-Reaction-Force, QRF, installiert werden, die sich dieser Herausforderung annehmen und einen Lösungsvorschlag präsentieren.

Strategie:	Investment
Nichts tun	Null
Lösungsalternative A	Sehr hoch
Lösungsalternative B	hoch
Lösungsalternative C	niedrig

Das Thema „QRF" scheint mir, je nach Unternehmensgröße ein äußerst wichtiger Faktor zu sein. Es gibt Entscheidungen, die sehr zügig zu treffen sind und Priorität vor allen anderen Dingen haben sollten. Das ist die Aufgabe des Managements: Das Unternehmen in Zukunft zu führen.

Strategische Entwicklungen beim Key Account haben also eine vergleichbare Fragestellung, wie strategische Aufgaben bei der Marktbetrachtung auf nationaler und/oder internationaler Ebene. Marketing, Marketingwissen und Vertrieb sind also nicht immer klar voneinander zu trennen. In zahlreichen klein- und mittelständigen deutschen Unternehmen ist zahlenmäßig der Vertrieb häufig dem Marketing weit überlegen. Die Art und die Qualität der Kommunikation zwischen diesen beiden betrieblichen Bereichen funktioniert leider nicht immer so, wie man sich das wünschen würde, um einen maximalen Erfolg mit den eingebrachten Ressourcen zu erzielen.

Auf Mikro-Ebene, also im direkten Aufgabenbereich des Key Account Managers stellt sich die Frage, wie ich den Erfolg bei meinem Bestandskunden erhöhen kann. Erfolg oder auch Performance kann dabei an zwei finanzwirtschaftlichen Kennzahlen verifiziert werden.

- $Umsatzwachstum = \dfrac{Umsatz\ Bestanskunde\ aktuelles\ Jahr}{Umsatz\ Bestanskunde\ Vorjahr}$

Diese Zahl kann wie folgt interpretiert werden:

Umsatzwachstum	Ergebnis
Umsatz geht zurück	< 1
Umsatz stagniert	1
Umsatz erhöht sich	≻ 1

Auch in diesem Fall sollte bereits eine Art Frühwarnsystem installiert sein. Die jährlichen Abnahmemengen und Bedarfe sind bekannt, Ihr Kunde möchte sich in ganz ähnlicher Weise entwickeln und macht sich vergleichbare Gedanken. Um die Mengen und Qualitäten produzieren und absetzen zu können, bedarf es einer zuverlässigen Lieferantensituation. Wenn nun die Umsätze rückläufig sind, kann es an unterschiedlichen Gründen liegen, die es zu hinterfragen gilt:

- Wie war das letzte Lieferantenrating
- Wie schaut die Absatz,- und Umsatzsituation des Kunden aus?
- Befindet sich die Branche meines Kunden im Umbruch?
- Werden die Bestellmengen, die wir sonst liefern von anderen Lieferanten kompensiert/überkompensiert?

- Hat sich das Preis-Leistungs-Verhältnis meines Produktes im Vergleich zum Wettbewerb signifikant verändert?
- Gibt es persönliche/soziale Gründe für einen Rückgang der Bestellmenge
- u. a.

Nun, kritisch betrachtet, würde ich diese Aufgaben als „Marketingaufgaben" bezeichnen. Dies soll und darf aber nicht bedeuten, dass ich darauf warte, dass mich die Marketingabteilung mit diesen Informationen supportet, nein, dies ist und muss die Aufgabe des Key Account Managers sein. Diese Informationen erhalten Sie in Ihren strategischen Jahresgesprächen.

- $$DB - Marge = \frac{\sum DB - Marge\ 1 - X}{Umsatz}$$

Die gewichtete DB-Marge wird schon mal unterschätzt, wenn man den Key Account bedient. Als direkter Vergleich dient nicht primär der Vertrieb in die Fläche, oder die durchschnittliche DB-Marge vom Unternehmen, sondern die eigenen Vorjahreswerte. Die zentrale Fragestellung lautet also, verkaufe ich die richtigen Produkte. Richtig bedeutet in diesem Zusammenhang, dass ich gerne die Produkte verkaufe, an denen ich auch eine gute und überdurchschnittliche DB-Marge habe. In preislichen Verhandlungen kann ich meinem Großkunden auch ein Stück entgegen kommen, wenn zusätzlich die Möglichkeit besteht, ein für mich interessantes Produkt dort additiv zu platzieren. Cross-Selling Potentiale sind also anzusprechen und zu akquirieren. Unternehmen, wie 3M mit zahlreichen Kleinteilen profitieren stark von dieser Idee.

In diesem Zusammenhang noch einen Gedanken zum Thema Motivation und Entlohnung von Verkäufern. Diese zwei o. g. Kennzahlen finde ich als finanzwirtschaftliche Performance-Indikatoren sehr interessant und könnten die Grundlage für ein variables Entlohnungssystem dienen. Neben finanzwirtschaftlichen Faktoren sollte es noch weitere, wie die Kundenzufriedenheit, geben.

Der Key Account Manager beschäftigt sich meist zu wenig mit seinem Kunden. Auf der Internetseite wird häufig recht stolz über Innovationen und Investitionen berichtet. Die lokale Presse stellt häufig Berichte über eine potente, ansässige Firma ein. Zusätzlich hilft immer: Fragen Sie Ihre Ansprechpartner!

Der Kunde fordert meist die lückenlose Dokumentation von Qualität und Ablauf- bzw. Produktionsprozesse. Jene Unternehmen, die dies dokumentieren können, signalisieren noch lange nicht, dass man zum Thema Qualität auch wirklich „commited" ist. Dieses „Commitment" netsteht in den Köpfen der einzelnen Mitarbeiter. Hier eine kleine Anekdote auf der Praxis im Key Account Management:

Ich war verantwortlich für die Wirtschaftsmärkte in Mittel- und Osteuropa. Die Slowakei war einer der wichtigen Märkte, die ich bedienen durfte. Wir nahmen an einer Ausschreibung teil und gewannen glücklicherweise den Auftrag. Eine Bedingung des Kunden war, dass die Ware am Freitag und 08:00 Uhr an die Baustelle in Bratislava geliefert werden soll. Ich, als zuständiger KAM, habe mir von der Produktion und der Logistik die Machbarkeit bestätigen lassen. Alles war in Ordnung und man sagte mir zu, dass die Ware am Freitag um 08:00 beim Kunden sein würde. Um 10:00 ruft mich der Kunde an und fragt nach seiner Ware. Dieses Gefühl ist äußerst unangenehm für jeden Verkäufer. Ich griff also meinen Notizblock und machte mich auf den Weg in die Logistik, um ein kontroverses Gespräch mit dem Leiter der Logistik zu führen. Es sollte unangenehm werden. In diesem Moment kommt der Geschäftsführer um die Ecke und fragt: „Roberto wer ist dafür zuständig"? Nun ja, wenn ich es recht überlege, ich es mein Land, mein Projekt, mein Kunde und damit auch **meine** Zuständigkeit. Man kann also keiner anderen Person einen Vorwurf machen. Ich hätte den Prozess am Mittwoch, oder Donnerstag, vor der Verbringung der Ware kontrollieren und verifizieren müssen. Dann hätte ich die Ware in der Logistik wahrgenommen, hätte mir einen Sprinter gemietet und wäre mit der Ware selbst nach Bratislava gefahren.

Lessons Learned
- Nicht jeder Mitarbeiter denkt und lebt Qualität. Es ist vielen schlicht egal, ob die Ware raus geht, oder sie wissen nicht, dass es sich um eine wirklich wichtige Ausführung handelt. Wie kann ich das verändern? Mit farblichen Markierungen, die auf „Priorität" hinweisen.
- Bestehende Prozesse unterliegen immer einem Verbesserungsprozess. Frühzeitig eine Tracking Nummer anfordern und an den Kunden weiterleiten, damit dieser Kontrollprozess direkt realisiert werden kann.
- Nicht leichtsinnige Verantwortungen delegieren, ohne zu kontrollieren.
- Andere Nationen und Kulturen sind da anders. Die Japaner sind nicht durch Zufall Weltmeister im Qualitätsmanagement. Sie möchten Dinge nicht nur tun, sondern Sie möchten diese Dinge richtig tun. Dies spiegelt sich auch beim betrieblichen Vorschlagswesen wieder. In Europa und Deutschland gibt es das auch, aber was wird dort erarbeitet? Fragen Sie, als KAM doch mal, wie man die Prozesse für Ihren Key Account optimieren kann. Geben Sie 4 Wochen, um ein paar Ideen zu generieren. Kommt da etwas?
- Kontinuierliche Verbesserung bedeutet auch, dass alle Mitarbeiter, die in Kundenprozesse integriert sind im Bezug auf Qualitätsmanagement zu schulen, zu trainieren sind. Qualität bedeutet in der betrieblichen Gegenwart

nicht nur, Produktqualität, denn dies ist ein absolutes „Must Have". Qualität spiegelt sich täglich im Umgang mit dem Besteller, mit dem Noch-Nicht-
Kunden und dem abgewanderten Kunden. In der Produktion machen wir
eine Zeitaufnahme, um die Produktionszeit auch in den Preis einrechnen zu
können. Im gesamten Overhead-Bereich hinterfragen wir die Prozesszeiten
viel zu selten. Wie lange dauert es, bis der Kunde sein Angebot, seine Auf-
tragsbestätigung, seinen Rückruf von einer auf das Anliegen qualifizierten
Person erhält? Der Gedanke des „Lean-Managements" hat extrem hohen Ent-
wicklungsbedarf im Bereich der Vertrieb- und Marketingaufwendungen.

• Der Verkäufer verliert nicht gerne das Gesicht. Man hat nur das eine. In
diesem Fall habe ich mein Gesicht verloren. Auch, wenn es nicht schön ist und
mir ein Grummeln in der Magengrube bereitet, muss ich zeitnah zum Kunden
(persönlich) und über den Vorfall sprechen. „Ich entschuldige mich". Drei
Worte, die mal gesagt werden müssen. Auch diese Verantwortung tragen wir
für unser Unternehmen. Das Vertrauen des Kunden zurück zu gewinnen ist
unser Ziel und den Kunden nicht zu verlieren, auch wenn dieser Vorfall alles
andere als angenehm war.

Im strategischen Management beschäftigt uns also stets die Frage, was wir wie
verändern sollten, um unseren Wettbewerbsvorteil zu erhöhen, den Kunden
zufrieden zu stellen und langfristig an uns zu binden.

Wo aber liegt der Vorteil bei unserem Großkunden? Ich bin ein großer Fan
der SWOT-Analyse. Nun bekomme ich zeitweise, im Rahmen meiner Lehr-
tätigkeit an der Hochschule, eine SWOT-Analyse von Studierenden angeboten.
Diese beschränkt sich häufig auf eine Tabelle in der Stärken und Opportunities
subjektiv aufgetragen werden und beziehen sich zum Beispiel auf „gutes
Management Know-How", „starke Marke" und andere, schwer greifbare Eigen-
schaften. Die Diskussion geht noch einen Schritt weiter und beinhaltet wieder
einmal die Fragestellung, wie praxisrelevant die Schnittstelle zwischen Marketing
und Vertrieb funktioniert. In der Marketingliteratur wurde der Begriff „relativer
Marktanteil" von der Boston Consulting Group geprägt. Ich habe lange Zeit die
Aussagekraft dieser Kennzahl unterschätzt. Der „relative Marktanteil" vergleicht
meine Performance (in diesem Fall Absatzeinheiten) mit dem stärksten Wettbewerber, der dann mein Benchmark darstellt.

$$RealiverMarktanteil = \frac{Eigener\ Marktanteil}{Marktanteil\ des\ st\ddot{a}rksten\ Wettbewerbers}$$

Jetzt gibt es in der betriebswirtschaftlichen Praxis eine Menge Kraftausdrücke,
wie:

- Wir streben die Marktführerschaft an
- Gewinnmaximierung wird fokussiert
- Der Kunde steht im Mittelpunkt unserer Aktivitäten
- u. a.

Bodenständig betrachtet, bin ich ein großer Fan von Zahlen, Daten und Fakten, die als Grundlage für eine Entscheidungsfindung dienen sollten.

Relativer Marktanteil	Bedeutung
< 1	Der größte Wettbewerber ist, von der Ausbringungsmenge größer, als wir. **Wie schafft er das?**
1	Es gibt eine Pattsituation am Markt. Der größte Wettbewerber und wir sind gleich groß, wenn man die Ausbringungsmenge betrachtet. **Was müssen wir tun, um besser zu werden?**
>1	Wir sind, im Verhältnis zum größten Wettbewerb, bei der Betrachtung der Ausbringungsmenge größer. **Wie können wir die Marktsituation erhalten, bzw. verbessern?**

An dieser Stelle mal ein Beispiel, um die Aussagekraft dieses Instruments zu erfahren:

	Marktwachstum	Relativer Marktanteil	Umsatz %
SGE 1	1,50	0,50	30
SGE 2	0,30	1,20	15
SGE 3	0,86	1,30	50
SGE 4	1,10	1,50	5

Ich habe das Produkt, bzw. die Produktgruppe hier mit „Strategische Geschäftseinheit, SGE" bezeichnet. Innerbetrieblich macht das sicher mehr Sinn, als auf

Produktebene zu visualisieren. Eine strategische Geschäftseinheit könnte z. B. im automobilen Sektor die „Golfklasse, Mittelklasse PKW" sein. Im Pharmabereich die „OTC" Produkte o.ä. in anderen Bereichen kann man nach Applikation differenzieren.

Wenn man also, wie in den anderen Kennzahlen und KPI´s auch beschrieben, die 1 als Grenze zwischen „Stärke und Schwäche" definiert, gibt es in der nachfolgenden Übersicht des BCG-Portfolios 4 traditionelle Quadranten.

1. **Poor Dogs** werden die SGE´s benannt, die in diesem Quadranten liegen. Das Marktwachstum ist schrumpfend und der relative Marktanteil ist kleiner 1.
2. **Question marks** wird der Quadrant oben links bezeichnet. Es gibt ein dynamische Marktwachstum, der relative Marktanteil ist aber ebenfalls kleiner 1 und es scheint unklar, ob wir an diesem Markt, mit der aktuellen Performance partizipieren können und dieses Geschäftsfeld weiter aus- und aufbauen können.
3. **Stars** sind die SGE´s im Quadranten oben rechts. Das Marktwachstum ist dynamisch und der relative Marktanteil ist größer, als 1. Leider haben wir in diesem Bereich nur eine SGE mit einer Umsatzverteilung von 5 % von Gesamt.
4. **Cash Cows** sind die SGE´s, die rechts unten visualisiert sind. Das Marktwachstum ist abnehmend, unser relativer Marktanteil ist größer, als 1. Hier sind wir prominent vertreten. Diese Prominenz kann aber, unter Berücksichtigung des Produkt-Lebenszyklus eine Gefahr (Threat) darstellen, wenn unsere Produkte in der Zukunft durch innovativere Lösungen substituiert werden. Der aktuelle Umsatzanteil liegt hier bei 50 %.

Die Wirtschaftsliteratur spricht gerne davon, dass ein solches Portfolio ausgewogen sein sollte. Produkte und Strategische Geschäftseinheiten, die gegenwärtig auf der linken Seite des Portfolios stehen, sollten nach rechts wandern und Mittel- und langfristig das Überleben des Unternehmens sichern.

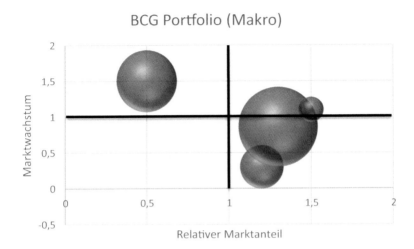

Im Marketing macht man sich über eine solche Darstellung Gedanken auf „Makro-Ebene", d. h. die Betrachtung liegt auf nationaler und/oder internationaler Ebene. Ich habe in dieser Darstellung den Umsatz als Größe der Blase verwendet. Besser wäre natürlich den Deckungsbeitrag 1 oder 2 oder gar den Profit nach SGE zu wählen. Dies wäre für folgende strategische Entscheidungen eine bessere Informationsgrundlage.

- In welchen Bereichen wächst mein Kunde, bzw. der Markt und wie partizipiere ich von diesem Wachstum?
- Wo sind meine Stärken und Schwächen im Bezug auf meinen direkten Wettbewerber, mit dem ich direkt bei meinem A-Kunden konfrontiert bin?
- Wie nutze ich die wahrgenommenen Stärken im Vergleich zum direkten Wettbewerber in der A-Kunden-Kommunikation und den Preisverhandlungen?
- Welche Prozesse werden innerbetrieblich in Gang gesetzt, um meine Wettbewerbssituation bei meinem A-Kunden zu verbessern. Das Marketing wird also immer mehr vom undifferenzierten Marketing zum differenzierten A-Kunden-Marketing. Dies darf durchaus auch Auswirkungen auf das Produkt, die Verpackung, das Labeling oder ähnliches haben. Die zentrale Fragestellung lautet nicht: „Kauft, was ich habe", sondern „Was darf ich anbieten"?

Als Key Account Manager machen wir uns vergleichbare Gedanken, auf „Mikro-Ebene", d. h. wir untersuchen die Situation beim Key Account.

- **Relativer Potentialausschöpfungsgrad** sollte mir Informationen liefern, welchen Anteil vom Gesamtkuchen mir zufällt, und an welchem Wettbewerber ich mich bei meinem A-Kunden zu messen habe.
- **Relative Wettbewerbsstärke,** als Indikator wo ich mich, meine Produkte und meine Produktnebenleistungen einzuordnen habe.

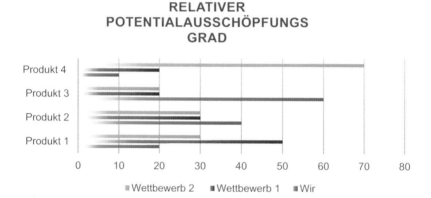

Wir erreichen also die folgenden relativen PAG´s pro Produkt:

Produkt	Eigener Absatz	Stärkster Wettbewerber	Relativer PAG
Produkt 1	20	50	0,40
Produkt 2	40	30	1,33
Produkt 3	60	20	3,00
Produkt 4	10	70	0,14

Eine Stärken- und Schwächenanalyse ist also ein klein wenig komplexer, als eine Darstellung mit subjektiven Äußerungen. Wir sollten uns mit dem Wettbewerb, der mir, bei meinem A-Kunden das Leben schwer macht, befassen und deren Produktleistung, sowie deren Produktnebenleistung analysieren und hinterfragen, denn sonst werden wir bei unserem Bestandskunden niemals den Potential-ausschöpfungsgrad erhöhen können. Ein Benchmark ist notwendig. Auch hier zunächst mit dem stärksten Wettbewerber. In der u.g. Graphik erkennen wir, dass wir im Punkt „Reaktionszeit" Vorteile gegenüber dem Wettbewerb haben. In anderen Bereichen sind wir teilweise signifikant schlechter, als der Wettbewerb.

Für uns ist zunächst einmal die Erkenntnis der Status Quo wichtig, denn sonst wird sich nie etwas nachhaltig verändern und verbessern. Dieser Status Quo ist wie der Gang auf eine Personenwaage, verbunden mit der Frage: „Bin ich dick oder doch nur untergroß"?

Nun hat eigentlich der Key Account Manager einen guten Job, der Anerkennung und Wertschätzung verdient. Welche Aktionen, welche Projiere, welche Prozessverbesserungen wird man, auf Seite des Unternehmens initiieren, um Sie in Ihren Bemühungen bei Bestandskunden zu wachsen, aktiv zu unterstützen? In der letzten Fragestellung scheitert es leider häufig.

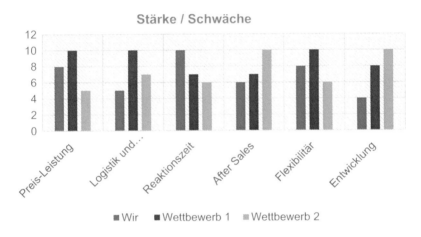

Das Produktmanagement muss Ihr Freund sein. Es gibt ein aktuelles Angebot. Dafür hat sich der Kunde entschieden. Nun gibt es Veränderungen im Nutzungsverhalten, im Bestellverhalten des B2B-Buying Centers. Diese Veränderungen gilt es nun zu erfahren und Bedarfe und Anforderungen in das Angebotsportfolie kundenorientiert zu integrieren. Wenn dies gelingt, werden Sie von Ihren Kunden eine wirkliche Wertschätzung erfahren und sind in der Lage zufriedene und loyale Kunden zu betreuen. Dies macht dann wirklich Spaß, denn man sieht, dass der humane Ressourceneinsatz im aktiven Verkauf auch Früchte trägt.

Ich wünsche Ihnen gute und erfolgreiche Umsetzung.

Roberto Capone

Printed in the United States
by Baker & Taylor Publisher Services